Rechtsgrundsätze

der

Entscheidungen des Kammergerichts

in Sachen

der nichtstreitigen Gerichtsbarkeit.

Systematisch geordnet und herausgegeben

von

Hermann Jastrow,
Amtsgerichtsrath zu Berlin.

Neue Folge.
(1888—1891.)

Berlin.
J. Guttentag, Verlagsbuchhandlung.
1892.

Vorwort.

Die vorliegende „Neue Folge" umfaßt die im Johow-Küntzelschen Jahrbuch Bd. 8—10 veröffentlichten Entscheidungen aus den Jahren 1888—1891. Die Beschlüsse, welche in Folge einer Ueberweisung Seitens des Kammergerichts von den örtlich zuständigen Oberlandesgerichten getroffen worden sind, sind gleichfalls aufgenommen.

Ueber den bisherigen Plan des Werkes bin ich insofern hinausgegangen, als ich mir zu einigen Entscheidungen eine abweichende Auffassung zu begründen erlaubt habe. Im Uebrigen entspricht die neue Folge der Einrichtung des ersten Theiles. Um die Brauchbarkeit des letzteren zu erhöhen, sind sämmtliche in den ersten Theil aufgenommene Rechtsgrundsätze einer Prüfung daraufhin unterzogen worden, in wie weit sie nach dem veränderten Stande der Gesetzgebung oder Rechtsprechung eine Modifikation erfahren haben. Die bezüglichen Veränderungen sind in der Zusammenstellung S. VIII—X mitgetheilt, welche insbesondere auch die Beziehungen der neueren Rechtsprechung des Kammergerichts zur älteren überall zum Ausdruck bringt.

Berlin, Ende Januar 1892.

Der Herausgeber.

Inhalt.

Dritter Abschnitt: Handelsrecht.

Vierter Abschnitt: Familienrecht.

Fünfter Abschnitt: Vormundschaftsrecht.

Sechster Abschnitt: Erbrecht.

Seite

Siebenter Abschnitt: Gerichtliches Verfahren.

Achter Abschnitt: Stempel- und Kostensachen.

Neunter Abschnitt: Berührung mit dem öffentlichen Recht.

Register.

Ergänzungen zum ersten Theil.

1) Seite 1 zu R. 1: Der Grundsatz ist wiederholt im B. v. 4. Mai 1888 (VIII, 117); vgl. R. 1193.

2) „ 6 zu R. 14 mit Anm. 2: Der § 33, II, 7 A.L.R. ist inzwischen auch für die Provinz Posen außer Kraft getreten. G. v. 19. Mai 1889 (G.S.S. 108) Art. I in Verbindung mit § 31 Abs. 5 des Zuständigkeitsgesetzes v. 1. August 1883. Der R. 14 ist dadurch gegenstandslos geworden. Vgl. übrigens auch Landgemeinde-Ordnung v. 3. Juli 1891 (G.S. S. 233) § 146

3) „ 12 zu R. 30. Der Grundsatz zu a daselbst ist wiederholt im B. v. 28. Januar 1890 (IX, 3 u. 86); vgl R. 1008.

4) „ 16 zu R. 42. Vgl. indessen wegen der Befugnisse der Aufsichtsbehörde R. 1138.

5) „ Seite 19 zu R 49: s. jetzt die abweichenden R. 979. 980.

6) „ 22 zu R. 60 ad b: vgl. aber R 997.

7) „ 23 zu R. 62: Vgl. auch R G.U. (III. Civilsenat) v. 10. Juni 1887 (Entsch. Bd. 22 S. 236 a. E).

8) „ 25/26 zu R. 67—70: Neuerdings nimmt das K.G an, daß die Vorstände der Kommunalsparkassen allgemein die Eigenschaft öffentlicher Behörden haben, sofern sie statutarisch zur selbständigen Verwaltung der Sparkasse unter Feststellung der Form ihrer Willenserklärungen berufen sind. B. v. 26. Oktober 1891 (J M.Bl. 1892 S. 51.)

9) „ 31 zu R. 87. Der Grundsatz ist durch § 8 des G. v. 15. Juli 1890 (G.S. S. 229) jetzt auch für gerichtliche Beglaubigungen gegenstandslos geworden.

10) „ 35 zu R. 97, 98: Vgl. auch R. 987

11) „ 38 zu R. 104: Uebereinstimmend R. 988; widersprechend R. 989.

12) „ 39 zu R 107: Vgl. R 985.

13) „ 45 zu R. 122. 123: Vgl. den mit R. 123 übereinstimmenden R. 991.

14) „ 48 zu R. 126: Vgl. R 992.

15) „ 53 zu R. 141 mit Anm. 2: Vgl. gegen den R. 141, ferner R. 1149.

16) „ 54/55 zu R. 144/145: Vgl. für den analogen Fall der Umwandlung einer Gewerkschaft in eine Aktiengesellschaft R.G.U. (V. Civilsenat) v. 9. Juli 1890 (Entsch. Bd. 26 S. 334).

17) „ 58 zu R. 155: Vgl. R. 995 zu a.

18) „ 61 zu R. 166. Der Inhalt dieses R. ist auch für die Schleswig-Holsteinsche Kirchenverfassung zur Geltung gebracht:
B. v. 25. Juni 1888 (VIII, 68) Toftlund, Flensburg.
G. v. 6. April 1878 (G.S. S. 145) Art. 32 Nr. 1.

19) „ 71 zu R. 191: Vgl. auch R. 994.

20) „ 74 „ „ 201: Ebenso für das gemeine Recht R. 1005.

21) „ 84 „ „ 225: Vgl. auch R. 1011.

22) „ 85 „ „ 227: Vgl. R. 1012.

23) „ 86 „ „ 230 Anm. 1: Wegen der Zinseszinsen bei Pfandbriefen vgl. auch R. 1016 zu c.

24) „ 90 zu R 243: Vgl. aber R. 998.

25) „ 91 „ „ 244 Anm. 2: Vgl auch R. 1101, welcher indessen die Legitimation des Vormundes Dritten gegenüber nicht betrifft.

26) „ 94 zu R. 252: Widersprechend R. 1020.

27) „ 100 „ „ 270. 271 Anm. 1: Vgl auch R. 1101.

28) Seite 103 zu R. 277: Uebereinstimmend R. 1018.

29) „ 107. 108 zu R. 292. 294. 295: Vgl. R. 1033.

30) „ 112 zu R. 305. 306: Wegen der Pfandbriefdarlehen vgl. indessen R. 1016.

31) „ 114 zu R. 312: Widersprechend R. 1034, welcher mit der reichsgerichtlichen Ansicht übereinstimmt.

32) „ 145 zu R. 393 Anm. 1: Vgl. auch R.G.U. (IV. Civilsenat) v. 28. Februar 1890 (Rassow-Küntzel Bd. 34 S 956).

33) „ 146 zu R. 397: Gegen diese einschränkende Auffassung von einer „mit auf die Erben" gerichteten Vollmacht vgl. R G.U. (V. Civilsenat) v. 16. Februar 1889 (Rassow-Küntzel Bd. 33 S. 950).

34) „ 149 zu R. 403. Vgl. auch R.G.U. (I. Civilsenat) v. 11. Januar 1888 (Entsch. Bd. 22 S. 58).

35) „ 150 zu R. 407: Vgl. auch R. 1052.

36) „ 151 „ „ 409: Vgl. auch R. 1063.

37) „ 155 „ „ 419—423: Der Grundsatz, daß der Registerrichter die Aufnahme gesetzwidriger Maßnahmen in das Register abzulehnen hat, ist wiederholt ausgesprochen in R. 1057 u. 1066; vgl. auch R. 1060. 1065.

38) „ 159/160 zu R. 429 u. 431: Vgl. R. 1066.

39) „ 162—164 zu R. 433—436. 438. 439.

Der Inhalt dieser Grundsätze ist durch das Genossenschaftsgesetz v. 1. Mai 1889 (R.G.Bl. S. 55) unberührt geblieben; vgl.

zu R. 433: § 1 Nr. 5
„ „ 434: § 6 Nr. 4 u. § 31
„ „ 435: § 44
„ „ 436: § 152
„ „ 438: §§ 24, 28, 152
„ „ 439: §§ 36 Abs. 2, 42 f., 152
} des G. v. 1. Mai 1889.

39a) „ 163, 167 zu R 436 bezw. 446: Vgl aber wegen der Befugnisse der Aufsichtsbehörde R. 1138.

40) „ 173 zu R. 458: Vgl. auch R. 1071—1073.

41) „ 175 zu R 463: Vgl auch R. 1075—1077.

42) „ 178 „ „ 469: Vgl. jetzt den entgegengesetzten R. 1082.

43) „ 181 „ „ 478: Vgl. auch R.G.U. (I. Civilsenat) v. 8. Mai 1889 (Entsch. Bd. 24 S. 220).

44) „ 185 zu R. 487: Vgl. R. 1086.

45) „ 185 „ „ 489 ist statt: „§§ 206. 266 ff." zu lesen: „§§ 206. 268". Auf den Fall der Einschränkung der väterlichen Gewalt gemäß § 266, II, 2 ist der Grundsatz nicht zu beziehen.

46) „ 186 zu R. 490: Ebenso R G.U. (I. Civilsenat) v. 3. Mai 1890 (Rassow-Küntzel Bd. 34 S. 986).

47) „ 187 zu R. 494: Vgl. auch R.G.U. (IV. Civilsenat) v. 20. Juni 1889 (Entsch. Bd. 24 S. 250 ff., insbes. S. 254; J.M.Bl. 1889 S. 275 ff, insbes. S. 277).

48) „ 190 unter R 190 ist bei Citirung der A.G.O. statt: „II, 3 §§ 13 ff." zu lesen: „III, 3 § 13 ff."

49) „ 197 zu R. 522: Vgl. auch 1107.

50) „ 202 „ „ 538: Ebenso R. 1093.

51) „ 203 „ „ 540. 541: Vgl. jetzt R. 1093, 1094.

52) „ 204 „ „ 544: Vgl. jetzt den widersprechenden R. 1098.

53) „ 207 „ „ 550 Anm. 1: Vgl. R. 1099. 1100, welche die diesseitige Auffassung bestätigen.

54) „ 226 zu R. 603: Vgl. R. 1108 mit Anm. 1.

55) „ 235 „ „ 625: Ueber die sonstige Stellung des dort bezeichneten Güterpflegers s. auch R.G.U. (VI. Civilsenat) v. 13. Mai 1889 (Rassow-Küntzel Bd. 33 S. 1092).

56) „ 254 zu R. 680 Anm. 1: Ebenso R.G.U. (IV. Civilsenat) v. 5. April 1888 u. 31. Januar 1889 (Entsch. Bd. 21 S. 272; Bd. 23 S. 224).

57) Seite 272 Anm. 2 Zeile 2 ist statt: „R. 117" zu lesen: „R. 133".
57a) „ 272, 273 zu R. 727. 728: Vgl. aber wegen der Befugnisse der Aufsichtsbehörde R. 1138.
58) „ 274 unter R. 731 ist statt: „A.G.O. III, 1 § 7" zu lesen: A.G.O. III, 1 § 17".
59) „ 284 zu R. 767. Vgl. auch R. 1130.
60) „ 285 „ „ 771. Widersprechend R. 1133.
61) „ 293 „ „ 793. 794: Vgl. R. 1140.
62) „ 293 zu R. 795: Ueber die Form der Generalversammlungs-Protokolle vgl. jetzt R.G.U. (I. Civilsenat) v. 15. Juni 1889 (Entsch. Bd. 25 S. 195).
63) „ 294 zu R. 798: Der Inhalt dieses R. hat durch § 8 des G. v. 15. Juli 1890 (G.S. S. 229) keine Aenderung erlitten.
64) „ 294 zu R. 799. Die Frage, ob der Beglaubigungsvermerk des Notars dessen Vornamen enthalten muß, ist jetzt aus § 8 des G. v. 15. Juli 1890 zu beantworten; vgl. Koch-Jastrow, Formularbuch und Notariatsrecht (10. Aufl. 1891) zu § 8 a. a. O. Anm. 12 (S. 160).
65) „ 295 zu R. 800: Der Inhalt dieses R. ist jetzt durch § 8 Abs. 3 und 5 des G. v. 15. Juli 1890 zur ausdrücklichen gesetzlichen Norm erhoben worden.
66) „ 303 zu R. 821. 822: Vgl. auch R. 1146.
67) „ 304 „ „ 823: Wegen Verhaftung für den Vollmachtsstempel s. indessen R. 1167.
68) „ 305/306 zu R. 827. 828: Vgl. R. 1149.
69) „ 306 zu R. 830: Vgl. R. 1150.
70) „ 313 „ „ 850: Vgl. auch R. 1162.
71) „ 351 „ „ 954: Vgl. auch R. 1193.
72) „ 352 „ „ 957: Ebenso R.G.U. (I. Straffenat) v. 28. Oktober 1889 (Entsch. in Straff. Bd. 20 S. 15).
73) „ 398 Spalte 2 Zeile 14 von unten: Das Citat: „§§ 13 ff. . . . 501" ist in Wegfall zu bringen.
74) „ 398 Spalte 2 Zeile 5 von unten: Das Citat: „§ 7 . . 731" ist in Wegfall zu bringen.
75) „ 398 Spalte 2 Zeile 1 von unten ist zu lesen: „§ 17 . . . 139. 731".
76) „ 398 am Schlusse ist hinzuzufügen: „Tit. 3 §§ 13 ff. . . . 501".
77) „ 410 Spalte 1 Zeile 16 von oben bei Citirung des § 12 der V.O. ist statt: „558" zu lesen: „588".
78) „ 418 Spalte 1 ist statt Zeile 17—27 (13. April—31. Mai) zu lesen:

2. März	19. 693.
9. „	8. 159.
16. „	190. 542. 549. 573. 574. 847*.
23. „	196. 237. 357—359. 378. 685.
31. „	189. 191.
13. April	567. 744. 747. 751. 783.
11. Mai	388.
18. „	421. 431. 449.

79) „ 419 Spalte 2 Zeile 2 ist zu den Entscheidungen v. 9. Januar 1888 noch hinzuzufügen: „536".

Druckfehler im zweiten Theil (Neue Folge).

Seite 9 unter R. 991 sind die Citate: „§§ 30, 33, 37" in Wegfall zu bringen.
„ 51 „ „ 1072 ist statt: „G. v. 1. Februar 1869" zu lesen: „G. v. 1. Dezember 1869".
„ Seite 56 Zeile 4, 8, 17 von oben ist statt: „II, 1" zu lesen: „II, 2".
„ 58 unter R. 1085 ist statt: „A.L.R. II" zu lesen: „A.L.R. II, 2".

Erster Abschnitt.

Allgemeine Lehren.

R. 972. **Rückwirkung der Gesetze. Aenderung der Verjährungsfrist.**

972. Der Beginn der Verjährung ist keine mit Rechtserwerb verbundene Begebenheit, sondern begründet nur Hoffnungen und Möglichkeiten. Wenn deshalb durch ein neues Gesetz eine bestehende Verjährungsfrist verlängert wird, so wird eine vorher begonnene, aber noch nicht vollendete Verjährung erst dann beendet, wenn sie den Zeitraum des neuen Gesetzes erfüllt hat (vgl. R. 1176).[1])

B. v. 14. Oktober 1889 (IX, 153) Prettin, Torgau.

Publ. Patent z. A.L.R. v. 5. Februar 1794 Nr. XVII. Einl. z. A.L.R. § 14.

R. 973. **Gesetzliche Vertretung einer aufgelösten Innung während des Liquidationsverfahrens.**

973. a) Wird eine nach Maßgabe der Gewerbeordnung gegründete neue Innung aufgelöst oder geschlossen, so tritt in Ansehung ihres Vermögens ein Liquidations-Verfahren ein. Dabei ist die Innung trotz ihrer Auflösung oder Schließung als noch für die Zwecke des Liquidationsverfahrens fortexistirend gedacht. In diesem Verfahren ist wegen der Verwendung des Innungsvermögens und insbesondere wegen dessen Ueberweisung an die Gemeinde zwischen den Organen der Innung und der Gemeinde zu verhandeln; nöthigenfalls sind die zwischen beiden entstehenden Streitigkeiten durch die höhere Verwaltungsbehörde zu entscheiden.

b) Handelt es sich um den Fall der Schließung, so erfolgt allerdings die Abwickelung der Geschäfte der Innung durch die Gemeindebehörde oder deren Beauftragte, weil erstere die Aufsichtsbehörde der Innung bildet. Allein die Gemeindebehörde kann nicht auf Grund dieser ihrer Stellung einseitig lediglich im Interesse der Gemeinde vorgehen; vielmehr ist sie nur an die Stelle des Vor-

---

[1]) Ebenso: R.G.U. (II. Civilsenat) v. 16. Januar 1880 (Entsch. Bd. 1 S. 40).

standes der Innung getreten, hat also für die letztere zu handeln.

c) Die Grundsätze zu a und b finden auch dann Anwendung, wenn eine ältere Innung wegen Verweigerung ihrer Umgestaltung auf Grund des Art. 3 des G. v. 18. Juli 1881 durch die Centralbehörde geschlossen wird (vgl. R. 995).

B. v. 29. September 1890 (X, 90) Anklam, Greifswald.
Gewerbe-Ordnung v. 1. Juli 1883 (R.G Bl. S. 177) §§ 94, 95, 103a, 104. G. v. 18. Juli 1881 (R.G.B. S. 233) Art. 3.

R. 974. Begriff der Stiftung. Abgrenzung von Stiftung und Gesellschaft.

974. Unter einer „Stiftung" ist die Widmung eines bestimmten Vermögens Behufs dauernder Erreichung eines gewissen Zweckes erforderlich. Die bloße Verfolgung eines wohlthätigen Zweckes Seitens einer Gesellschaft genügt nicht, um den Begriff der Stiftung zu erfüllen. Eine Gesellschaft, welche sich Behufs Sammlung von Beiträgen und Verwendung derselben zu Wohlthätigkeitszwecken verbindet, gewinnt sonach dadurch nicht die Stellung einer milden Stiftung, sondern bleibt eine nach A.L.R. II 6 zu beurtheilende Gesellschaft, welche, solange sie nicht zur Errichtung einer Stiftung schreitet, zur Verfügung über ihr Vermögen nach Maßgabe des Gesellschaftsvertrages befugt bleibt (vgl. R. 996).

B. v. 23. April 1888 (VIII, 71) Bielefeld.
A.L.R. II, 6 §§ 1 ff., II 19 § 42.

R. 975. Acceptation einer Vertragsofferte nach dem Tode des Offerenten. Begriff der Offerte.

975. Der § 106 I 5 A.L.R., welcher eine Acceptation der Vertragsofferte auch nach dem Tode des Offerenten zuläßt, setzt eine Offerte voraus, welche dem anderen Vertragstheile gegenüber geschehen ist, d. h. welche letzterem zugegangen ist oder bei der wenigstens der Offerent Alles gethan hat, um sie dem anderen Theile zugehen zu lassen. Eine Offerte in diesem Sinne liegt nicht vor, wenn der Offerent nur seine Erklärung zu gerichtlichem Protokoll abgegeben und sich eine Ausfertigung des letzteren hat ertheilen lassen, aber bei Lebzeiten nichts gethan hat, um die Offerte zur Kenntniß des anderen Theiles zu bringen. Eine solche Erklärung kann nach dem Tode des Erklärenden nicht mehr mit Wirksamkeit vom Gegentheil acceptirt werden.[1])

B. v. 3. März 1890 (IX, 61) Berlin I.
A.L.R. I, 5 § 106.

---

[1]) Vergl. übrigens R. 1087 mit Anm.

— **Zerstreute Grundsätze aus den allgemeinen Lehren:**

a) Statutenkollision hinsichtlich der Formen gerichtlicher Beglaubigung s. R. 982.
b) Statutenkollision hinsichtlich der Ausstellung der Erbbescheinigungen s. R. 1119.
c) Rückwirkung der Gesetze. Aenderung der Normen über die Löschung von Hypotheken s. R. 1032.
d) Rückwirkung des Verbots der Ausgabe von Aktien unter tausend Mark s. R 1064.
e) Erwerbsfähigkeit von Vereinen ohne juristische Persönlichkeit s. R. 976.
f) Unerlaubte Bedingung s. R. 1015.

Zweiter Abschnitt.

Sachen- und Grundbuchrecht.

I. Grundbuchverfassung. Form und Einrichtung der Grundbücher[1].

R. 976. Grunderwerb Seitens eines Vereins. Bezeichnung des Eigenthümers.

976. Eine Mehrheit von Personen kann nur dann unter ihrem Gesammtnamen als Eigenthümerin in das Grundbuch eingetragen werden, wenn sie zu denjenigen Körperschaften gehört, Betreffs deren solche Eintragung im § 10 der G.B.O. für zulässig erklärt[2]) ist. Der hier gebrauchte Ausdruck „Genossenschaften" steht im Zusammenhang mit dem Bundesgesetz v. 4. Juli 1868 über die Erwerbs- und Wirthschaftsgenossenschaften[3]). Nicht eingetragene Genossenschaften gehören deshalb nicht hierher. Grundstücke, welche von solchen erworben werden, können im Grundbuch nur den einzelnen Mitgliedern der Genossenschaft zugeschrieben werden, wobei durch Eintragung entsprechender Verfügungsbeschränkungen eine

---

[1]) Ueber Spezifikation des Titelblattes s. R. 1001.

[2]) Der Ausdruck ist hier zu eng gegriffen. So können z. B. Gewerkschaften unzweifelhaft unter ihrem Gesammtnamen eingetragen werden (Allg. Berggesetz v. 24. Juni 1865 § 96), obwohl sie im § 10 der G.B.O. nicht genannt sind.

[3]) Vgl. jetzt Reichsgesetz v. 1. Mai 1889 (R.G.Bl. S. 55).

etwa mit der Genossenschaftsverfassung in Widerspruch stehende Verfügung des Einzelnen ausgeschlossen werden kann.

B. v. 17. September 1890 (X, 87) Kellinghusen, Altona.

G.B.O. § 10, E.G. z. H.G.B. Art. 23, V. (für Schleswig-Holstein) v. 5. Juli 1867 (G.S.S. 1133) §§ 31 ff. Bundesgesetz v. 4. Juli 1868 (B.G.Bl. S. 415).

R. 977. **Dereliktion von Grundstücken. Eintragung in das Grundbuch.**

977. Der Grundbuchrichter ist nach dem Gesetze nicht dazu berufen, eine Erklärung über erfolgte Dereliktion eines Grundstückes entgegenzunehmen und über deren Wirksamkeit zu befinden. Ebenso fehlt es an einer gesetzlichen Form für eine Eintragung der Dereliktion in das Grundbuch. In Ermangelung einer positiven gesetzlichen Regelung kann deshalb der Eigenthümer solche Eintragung nicht fordern; insbesondere kann er auch nicht die Abschreibung einer von ihm derelinquirten Parzelle ohne Anlegung eines neuen Blattes verlangen.

B. v. 27. April 1889 (IX, 71) Burgsteinfurt, Münster.

A.L.R. I, 9 § 16, I, 16 § 396, II, 16 § 12. G.B.O. §§ 7, 10.

II. Verfahren in Grundbuchsachen.

1. Form der Anträge und Urkunden.

R. 978. **Umfang des Beglaubigungszwanges. Antrag auf Wiedereintragung gelöschter Posten.**

978. Das Verlangen, eine aus Versehen des Grundbuchrichters gelöschte oder nicht übertragene Post wieder einzutragen, ist kein „Antrag" im Sinne des § 33 der G.B.O. Es bedarf deshalb das bezügliche Gesuch sowie die zu solchem ertheilte Vollmacht keiner Beglaubigung.

B. v. 14. Mai 1888 (VIII, 120) Iserlohn, Hagen.

G.B.O. §§ 30, 33 37, 118.

R. 979. 980. **Antrag des Eigenthümers auf Löschung bezahlter Hypotheken.**

979. a) Der eine Hypothek tilgende Eigenthümer erwirbt sofort mit der Tilgung das Recht auf eine Eigenthümer-Hypothek gemäß § 64 des E.E.G. Mit Rücksicht hierauf und da ihm dieses Recht durch eine Löschung der Post verloren gehen würde, ist er zu den bei der Löschung „Betheiligten" im Sinne des § 33 der

G.B.O. zu zählen. Deshalb bedarf, wenn die Voraussetzungen der Eigenthümer-Hypothek vorliegen, nicht nur die Quittung oder Löschungsbewilligung des Gläubigers, sondern auch der auf dieselbe gestützte Löschungsantrag des Eigenthümers der Beglaubigung[1]).

b) Der Umstand, daß hinter der zu löschenden Hypothek nichts eingetragen ist, der Eigenthümer also an dem locus kein besonderes Interesse hat, ändert, als etwas rein Zufälliges, an der Nothwendigkeit der Beglaubigung nichts.

B. v. 17. Februar 1890 (IX, 99) Langensalza, Erfurt.
G.B.O. § 33. E.E.G. §§ 63, 64.

980. Die im R. 979 statuirte Nothwendigkeit der Beglaubigung ist auch dann gegeben, wenn nur die Möglichkeit für die Voraussetzungen der Eigenthümer-Hypothek vorliegt, insbesondere wenn eine die Person des Zahlenden nicht benennende Quittung oder eine abstrakte Löschungsbewilligung vorgelegt wird (vgl. R. 1033).

B. v. 17. Februar 1890 (IX, 99 u. 105) Goldap, Insterburg,
G.B.O. § 33. E.E.G. §§ 63, 64.

R. 981. **Eintragung aus Pommerschen Pastoraltestamenten.**

981. Das in Neuvorpommern und Rügen in Geltung befindliche sog. Pastoraltestament (auf dem platten Lande vor dem Pfarrer und zwei Zeugen errichtet) beruht auf der dem Pfarrer für diesen Zweck beigelegten publica fides. Es ist demgemäß ein öffentliches, nicht ein Privattestament. Auf dasselbe findet sonach die für die Eintragung aus Privattestamenten gegebene einschränkende Vorschrift des § 24 Abs. 1 des G. für Neuvorpommern und Rügen v. 26. Mai 1873 keine Anwendung.

Ueberweisungsbeschluß des Kammergerichts vom 9. Dezember 1889.
B. des Oberlandesgerichts Stettin v. 26. März 1890 (X, 283) Greifswald.
V. v. 8. Oktober 1810 (Sonnenschmidt, Sammlung der für Neuvorpommern und Rügen in den Jahren 1802—1817 erlassenen Gesetze; Stralsund 1844—1847, Bd. 2 S. 165 ff.). G. v. 26. Mai 1873 (G.S. S. 229) § 24.

— **Form des Nachweises behördlicher Genehmigung** s. R. 997.

— **Form der Vollmacht bei Anträgen auf Eintragung von Zwangshypotheken** s. R. 1041.

— **Wirkung nachträglicher Aenderungen in beglaubigten Urkunden** s. R. 1143.

---

[1]) Die entgegengesetzte Annahme im R. 49 ist ausdrücklich aufgegeben.

R. 982. **Bedeutung des Erfordernisses gerichtlicher Beglaubigung bei außerpreußischen Urkunden.**

982. a) Die Bestimmungen der §§ 33, 37 der G.B.O. über die Form der Anträge, Urkunden und Vollmachten finden auch auf solche Schriften Anwendung, welche außerhalb des Geltungsbereiches der G.B.O., insbesondere auch in einem anderen deutschen Bundesstaate aufgenommen worden sind.

b) Hinsichtlich der Frage, welche Anträge 2c. als gerichtlich oder notariell aufgenommen oder beglaubigt anzusehen sind, entscheidet indessen solchen Falles die Gesetzgebung des Staates, in welchem die Aufnahme oder Beglaubigung stattgefunden hat.

c) Ist durch diese Gesetzgebung den Gerichtsschreibern die Vornahme von Unterschriftsbeglaubigungen übertragen, so müssen die von ihnen unter Beifügung des Gerichtssiegels vorgenommenen Beglaubigungen als „gerichtliche" erachtet werden.

B. v. 13. April 1888 (VIII, 96) Calbe a. S, Magdeburg.
G.B.O. §§ 33, 37. Großherzoglich Hessisches G. v. 4 Juni 1879 Art. 1.

2. Die Entscheidung auf die Anträge.

A. Die Aufgaben des Grundbuchrichters im Allgemeinen.

R. 983. 984. **Umfang des Legalitätsprinzips.**

983. Der Umstand, daß eine Eintragung, wenn sie erfolgt wäre, nicht für schlechthin nichtig zu erachten sein würde, giebt den Betheiligten kein Recht, solche Eintragung zu fordern. Die Grundbuchbehörden haben bei Prüfung der Anträge vielmehr auf Ordnungsmäßigkeit der Eintragung zu halten und gesetzwidrige Eintragungen abzulehnen[1]).

B. v. 28. Januar 1890 (IX, 3) Heiligenstadt, Nordhausen.
G.B.O. §§ 43, 46.

984. Die Beschränkung des Legalitätsprinzips für den Grundbuchrichter geht nicht so weit, daß auch Eintragungen, die an und für sich bedeutungslos sind oder welche Verhältnisse betreffen, zu deren Erkennbarkeit das Grundbuch nicht bestimmt ist, deshalb erfolgen müßten, weil sie von den Betheiligten betrieben werden. Solche Eintragungen sind vielmehr abzulehnen (vgl. R. 1013).

B. v. 11. Juni 1888 (VIII, 87) Zempelburg, Konitz.
G.B.O. § 43 Abs. 2. § 46 Abs. 2.

---

[1]) Den zu Grunde liegenden Sachverhalt s. bei R. 1008.

R. 985. **Eintragung überflüssiger Vermerke.**

985. Von der Eintragung in das Grundbuch sind überflüssige Vermerke fernzuhalten, weil anderenfalls die Uebersichtlichkeit des Grundbuchs und damit die Leichtigkeit und Sicherheit des Grundbuchverkehrs sowie in weiterer Folge das allgemeine Interesse gefährdet wird[1]). Vermerke, welche dem Berechtigten für einen denkbaren Fall, z. B. einer späteren Aenderung der Gesetzgebung mehr Rechte verleihen, als er sonst haben würde, können indessen nicht als überflüssig angesehen; die Eintragung derselben darf deshalb nicht abgelehnt werden (vgl. R. 1012).

B. v. 27. April 1889 (IX, 79) Berlin I.

R. 986. **Prüfung des Fortbestandes einer Handelsgesellschaft bei Eintragungen zu deren Gunsten.**

986. Soll eine Eintragung im Grundbuch auf den Namen einer Gesellschaftsfirma erfolgen, so kann der Grundbuchrichter, ungeachtet die Gesellschaft in das Handelsregister eingetragen ist, die Frage nach ihrem Fortbestande aufwerfen. Gelangt er hierbei zu der Feststellung, daß die Gesellschaft aufgelöst ist, so hat er die Eintragung auf den Namen der Gesellschaftsfirma zu verweigern[2]).

B. v. 28. Januar 1890 (IX, 3) Heiligenstadt, Nordhausen.
H.G.B Art. 111., E.G. z. H.G.B. Art. 23

R. 987. **Prüfung von Testamenten. Verpflichtung zu deren Auslegung.**

987. Der Grundbuchrichter ist verpflichtet ein Testament, aus welchem eine Eintragung erfolgen soll, sowohl formell als materiell zu prüfen. Dabei hat er durch Auslegung den Willen des Testators festzustellen und danach zu entscheiden, ob der gestellte Antrag gerechtfertigt ist oder nicht. Wird demgemäß vom Fiduziarerben die Eintragung seines Eigenthums beantragt, so hat der Grundbuchrichter — und zwar ohne Zuziehung der eingesetzten Substituten —

---

[1]) Vgl. indessen R. 107, 209.

[2]) Das Amtsgericht hat als notorisch festgestellt, daß die Gesellschaft aufgelöst sei und deshalb die Eintragung beanstandet. In der Beschwerde hat der Antragsteller diese Auflösung zugestanden, aber den Nachweis unternommen, daß das Geschäft und die Firma auf ihn übergegangen sei. Die Beschwerde ist zurückgewiesen worden. In der weiteren Beschwerde ist auf die Thatsache Gewicht gelegt, daß die Gesellschaft noch im Handelsregister eingetragen sei. Der B. des K.G. läßt nun dahingestellt, ob der Antragsteller gegenüber dem vom Amtsgericht erhobenen Anstand sich etwa auf diesen Hinweis hätte beschränken können; er weist aber die Beschwerde zurück, weil der Beschwerdeführer den von ihm selbst eingenommenen Standpunkt der erfolgten Auflösung der Gesellschaft nicht verrücken könne.

darüber zu entscheiden, ob eine fiduziarische Erbeseinsetzung vorliegt. Er darf diese Entscheidung nicht wegen Zweifelhaftigkeit des Falles ablehnen (vgl. R. 97, 98).

B. v. 11. Juni 1888 (VIII, 65) Berlin I.
G.B.O. § 51.

— **Auslegung vollstreckbarer Schuldtitel durch den Grundbuchrichter.** s. R 1042.

R. 988. 989. **Prüfung des Negativnachweises nicht vorhandener Descendenz.**

988. a) Wenngleich der Anh. § 106 z. A.G.O. I, 13 § 128, wonach nicht vermuthet werden soll, daß Jemand verheirathet war und Kinder erzeugt hat, nur für das Prozeßrecht erlassen war und danach jetzt beseitigt ist, so ist die Bestimmung desselben doch nur ein Ausdruck des Grundsatzes, daß keine Thatsache und keine Veränderung vermuthet wird. Dieser Grundsatz ist ein allgemeiner und deshalb auch außerhalb des Prozeßrechts zur Geltung zu bringen[1].

b) In Verfolg desselben darf der Grundbuchrichter, wenn von mehreren im Testament eingesetzten Kindern das eine vor dem Erblasser verstorben ist (vgl. R. 1117), zur Legitimation der Erben weder eine Ergänzungsbescheinigung nach § 9 des G. v. 12. März 1869 (vgl. R. 677), noch einen sonstigen Nachweis des kinderlosen Ablebens des vorverstorbenen Kindes fordern, solange nicht ein Anhalt für das Vorhandensein von Abkömmlingen des letzteren vorhanden ist.

B. v. 27. September 1888 (VIII, 25. u. 104) Eisleben, Halle.
G. v. 12. März 1869 (G S. S. 473) § 9.

989. Sind in einem Testament namentlich bezeichnete Kinder und außerdem „die Kinder, welche noch geboren werden" zu Erben eingesetzt und hat demnach also der Erblasser selbst mit der Möglichkeit, daß ihm noch Kinder geboren werden könnten, gerechnet, so darf bei Prüfung der Erbeslegitimation Seitens des Grundbuchrichters die Voraussetzung, an deren Eintritt die Berufung noch weiterer Erben geknüpft ist, nicht außer Betracht bleiben. Der Grundbuchrichter ist sonach, wenn lediglich die namentlich eingesetzten Kinder unter der Behauptung, daß nachgeborene Kinder nicht vorhanden sind, als Erben disponiren wollen, die Beibringung einer

---

[1]) Vgl. R. 104, 236, 666.

Ergänzungsbescheinigung nach § 9 des G. v. 12. März 1869 zu verlangen befugt (widersprechend R. 104).

B. v. 13. Oktober 1890 (X, 55) Spandau, Berlin II.
G. v. 12. März 1869 (G.S. S. 473) § 9.

R. 990. **Verfahren bei unvollständigen Anträgen. Wirkung von Zwischenverfügungen in Bezug auf die Rangordnung.**

990. Gehen zum Grundbuch unvollständige Eintragungsanträge ein und weist der Grundbuchrichter dieselben nicht zurück, sondern giebt er mittels Zwischenverfügung dem Antragsteller die Behebung des betreffenden Anstandes auf[1]), so darf er, wenn vor der Behebung jüngere fehlerlose Anträge eingehen, denselben nicht ohne Weiteres den Vorrang vor den älteren, einstweilen beanstandeten Anträgen geben. Am wenigsten ist dies angängig, wenn sowohl die früheren als die späteren Anträge vom Eigenthümer ausgingen und von demselben in der Absicht, damit die Reihenfolge der Hypotheken zu bestimmen, successive eingereicht worden sind[2]). Vielmehr muß der Richter geeigneten Falles durch Rückfrage beim Antragsteller dessen Absicht gegenüber der geschaffenen Sachlage feststellen.

B. v. 29. September 1890 (X, 98) Magdeburg.
E.E.G. §§ 17, 34, 36. G.B.O. § 45.

B. Die versehentlichen Operationen des Grundbuchrichters[3]).

R. 991. **Ausdehnung des § 118 G.B.O. auf versehentliche Eintragungen.**

991. Zweck des § 118 der G.B.O. ist Schutz des durch die Eintragung erfolgten Rechtserwerbes und demgemäß Wiederherstellung des durch ungebührliche Löschung alterirten Rechtszustandes. Auf zu Unrecht erfolgte Eintragungen ist § 118 dagegen nicht auszudehnen[4]).

B. v. 14. Mai 1888 (VIII, 120) Iserlohn, Hagen.
G.B.O. §§ 30, 33, 37, 118.

---

[1]) Ob dieses Verfahren oder das der sofortigen Zurückweisung des Antrages das richtige ist, läßt der Beschluß dahingestellt.

[2]) Auf diesen konkreten Fall dürfte der R. trotz seiner allgemeineren Fassung einzuschränken sein.

[3]) Vgl. auch R. 999.

[4]) Die entgegengesetzte Annahme im R. 122 ist ausdrücklich aufgegeben; vgl. auch bereits R. 123.

— **Form der Anträge auf Wiedereintragung versehentlich gelöschter Posten** s. R. 978.

C. Die Beschwerde in Grundbuchsachen.

R. 992. **Verstoß gegen die Rangordnung. Zulässigkeit und Wirkung der Beschwerde.**

992. a) Die Vorschrift im § 502 I, 20 A.L.R. wonach, wenn der Richter bei der Eintragung von Hypotheken gegen die Vorschriften über die Rangordnung gefehlt hat, es bei der im Hypothekenbuch angenommenen Rangordnung dennoch verbleiben solle, schließt die Beschwerde gegen das Verfahren des Richters nicht aus; die letztere findet vielmehr auch bei unrichtiger Bestimmung der Rangordnung statt.

b) Die Wirksamkeit solcher Beschwerde ist aber dadurch begrenzt, daß eine abändernde Entscheidung den im redlichen Glauben an die Richtigkeit des Grundbuchs erworbenen Rechten Anderer nicht präjudiziren darf. In wie weit aus diesem Grunde der Beschwerde nicht entsprochen werden kann, ist nach Lage des Falles festzustellen[1]).

B. v. 29. September 1890 (X, 98) Magdeburg.
G.B.O. § 24. A.L.R. I, 20 §§ 502, 503.

R. 993. **Wirkung der Beschwerde eines Betheiligten gegenüber den Mitinteressenten.**

993. Wird gegenüber einem untheilbaren Antrage auf zwangsweise Eintragung des Eigenthümers, welchem die Vorinstanzen stattgegeben haben, die Beschwerde nur von einem Miteigenthümer eingelegt und für begründet befunden, so ist gleichwohl die Unzulässigkeit des Antrages gegenüber allen Betheiligten auszusprechen (vgl. R. 999 mit Anm. 1).

B. v. 19. November 1888 (VIII, 73) Bolkenhain, Hirschberg.
G.B.O. § 55.

---

[1]) Vgl. R. 126.

III. Die Erwerbung des Grundeigenthums und die Eintragung des Eigenthümers[1]).

1. Erforderlichkeit der Auflassung.

R. 994. **Offene Handelsgesellschaft als Eigenthümerin. Ausscheiden eines Socius und Firmenänderung.**

994. Die eingetragene Handelsgesellschaft erscheint unabhängig von den bei ihr betheiligten physischen Personen als Grundstückseigenthümerin (vgl. R. 191). Dieses Privilegium derselben erlischt erst mit dem Aufhören der Handelsgesellschaft selbst, nicht aber wenn beim Ausscheiden eines Gesellschafters die Gesellschaft im Uebrigen fortbesteht. Verändert sie im letzteren Falle[2]) ihre Firma, so liegt für den Grundbuchrichter lediglich eine in das Grundbuch einzutragende Firmenänderung vor, deren Veranlassung den Grundbuchrichter selbst dann nicht interessirt, wenn sie ihm von den Interessenten mitgetheilt wird. Der Grundbuchrichter hat deshalb dem Antrage auf Umschreibung des Eigenthums auf die neue Firma stattzugeben, ohne daß eine Auflassung Seitens des ausscheidenden Gesellschafters erforderlich ist.

B. v. 13. April 1888 (VIII, 63) Hagen.
H.G.B. Art. 127 E.G. z. H.G.B. Art. 23 § 1. G.B.O. § 10.

R. 995. **Grunderwerb Seitens einer Gemeinde am Vermögen einer aufgelösten Innung.**

995. a) Als Grunderwerb außerhalb der Fälle einer freiwilligen Veräußerung ist auch derjenige Eigenthumsübergang anzusehen, welcher sich lediglich Kraft des Gesetzes vollzieht. Es bedarf sonach in diesen Fällen keiner Auflassung (vgl. R. 155).

b) Hierher gehört aber nicht der Fall der Auflösung oder Schließung einer Innung. In einem solchen Falle geht nicht das Innungsvermögen von Rechts wegen auf die Gemeinde über. Vielmehr tritt ein Liquidationsverfahren ein. Erst das Ergebniß des letzteren oder die in demselben ergangene Entscheidung der höheren

---

[1]) Ueber Dereliktion s. R. 977.

[2]) Ueber den Fall der Auflösung der Gesellschaft und der Uebernahme des Geschäfts durch einen der bisherigen Socien vgl. R. 143.

Verwaltungsbehörde bilden einen Titel für den Eigenthumserwerb Seitens der Gemeinde[1]) (vgl. R. 973).

B. v. 29. September 1890 (X, 90) Anklam, Greifswald.

E.E.G. §§ 1, 5. Gewerbe-Ordnung v. 1. Juli 1883 (R.GBl. S. 177) §§ 94, 95, 103a, 104. G. v. 18. Juli 1881 (G.G.Bl. S. 233) Art. 3.

2. Auflassungsverfahren.

R. 996. **Erfordernisse beim Erwerb Seitens einer mildthätigen Gesellschaft.**

996. Eine Gesellschaft, welche sich zur Sammlung von Beiträgen und zur Verwendung derselben in bestimmter Art verbindet (Krankenanstalt, Diakonissenanstalt), gewinnt dadurch noch nicht die Stellung einer milden Stiftung (vgl. R. 974). Die Erwerbung von Grundstücken Seitens solcher Gesellschaften ist deshalb nicht nach den Regeln des Grundstückserwerbs Seitens milder Stiftungen, sondern nach den Regeln für Gesellschaften zu beurtheilen, so daß zu solchem Erwerbe auf den Namen der Gesellschaft die Verleihung des Korporationsrechts im Allgemeinen und ferner im Einzelfalle die Genehmigung der Aufsichtsbehörde erforderlich ist; zur Ertheilung der letzteren sind die Regierungen zuständig[2]).

B. v. 23. April 1888 (VIII, 71) Bielefeld.

A.L.R. II, 19 §§ 42, 43; II, 11 § 194; II, 6 §§ 13, 25 ff., 83. Instr. f. die Regierungen v. 23. Oktober 1817 (G.S. S. 248) § 2 Nr. 5.

R. 997. **Genehmigung zur Auflassung Seitens einer Behörde. Form des Nachweises.**

997. Wenn zur Auflassung Seitens einer öffentlichen Behörde eine höhere Genehmigung erforderlich ist, so genügt zum Nachweise derselben zwar eine von der ersteren Behörde beglaubigte Abschrift der Genehmigungsurkunde (vgl. R. 60). Allein die bloße Bezeugung dieser Behörde, daß die Genehmigung ertheilt sei, ist, weil sie ein Urtheil enthält, unzureichend. Dem Grundbuchrichter kann nicht verwehrt werden, die Vorlegung der Genehmigungsurkunde selbst im Original oder in beglaubigter Abschrift zu fordern, um

---

[1]) In wie weit es alsdann einer Auflassung an die Gemeinde bedarf, ist nicht entschieden.

[2]) Es handelte sich vermuthlich um eine vor dem 1. Juli 1887 nachgesuchte Genehmigung; jetzt sind auch in Westfalen die Regierungs-Präsidenten hierfür zuständig. G. über die allgemeine Landesverwaltung v. 30. Juli 1883 §§ 18, 155; Kreisordnung für Westfalen v. 31. Juli 1886 § 102.

sich die Ueberzeugung von der Rechtsgültigkeit der vorzunehmenden Auflassung zu verschaffen.

B. v. 25. Juni 1888 (VIII, 68) Toftlund, Flensburg.
G.B.O. §§ 35, 46.

— **Veräußerungsbefugniß des Ehemannes bei gütergemeinschaftlichen Grundstücken** s. R. 1003 u. 1078.

R. 998. **Berücksichtigung nicht eingetragener Verfügungsbeschränkungen.**

998. Die Vortheile vertragsmäßig bedungener Verfügungsbeschränkungen werden grundbuchrechtlich nur demjenigen zu Theil, welcher dieselben im Grundbuch hat vermerken lassen. Der Grundbuchrichter ist nicht berechtigt, auf uneingetragene kontraktliche Verfügungsbeschränkungen zurückzugreifen und auf Grund derselben eine mit der Beschränkung in Widerspruch stehende Auflassung zu beanstanden[1]). Insbesondere ist der Grundbuchrichter nicht damit befaßt, festzustellen, in wie weit etwa der Erwerber Kenntniß von der Verfügungsbeschränkung hat und die letztere deshalb trotz mangelnder Eintragung gegen sich gelten lassen muß[2]).

B. v 27. Oktober 1890 (X, 85) Schweidnitz.
E.E.G. § 11. G B O. §§ 30, 54.

R. 999. **Wirkung einer zu Unrecht aufgenommenen und demnächst beanstandeten Auflassung.**

999. Hat der Grundbuchrichter eine Auflassung entgegengenommen, ohne genügend zu prüfen, ob der sofortigen Eigenthumseintragung etwa ein Hinderniß entgegensteht und hat er demnächst auf Grund eines solchen Hindernisses die Eigenthumseintragung beanstandet, so kann ein derartiges regelwidriges Verfahren den Parteien nicht nachtheilig sein und keinen Einfluß auf die rechtliche Bedeutung der Auflassung haben. In solchen Fällen ist deshalb die Auflassung nicht bis zur Eintragung wirkungslos. Insbesondere

---

[1]) Der Fiskus hatte einer Stadtgemeinde Grundstücke „zur Anlegung von Straßen und freien Plätzen" eigenthümlich überlassen. Die Stadt ist daraufhin ohne Einschränkung als Eigenthümerin eingetragen worden. Als sie eine Parzelle dann einem Dritten auflassen wollte, hat der Grundbuchrichter die Auflassung wegen der erwähnten Beschränkung bei der Eigenthumsübertragung aufzunehmen verweigert. Dies ist reprobirt worden. Vgl. indessen R. 114—116 über die Berücksichtigung der Gütergemeinschaft, welche von der obigen Entscheidung nach deren Motivirung nicht betroffen werden sollen.

[2]) Vgl. indessen R. 243.

kommt ihr die Wirkung zu, daß der Auflassende zum Nachtheil des Erwerbers vor dem Grundbuchrichter über das Grundstück nicht mehr verfügen kann. Es ist deshalb, so lange die gedachte Auflassung noch zu einem Eigenthumsübergang führen kann, die Einleitung eines Zwangsverfahrens Behufs Eigenthumseintragung gegen den Auflassenden oder dessen Erben auch auf Antrag einer zuständigen Behörde nicht statthaft[1]).

B. v. 19. November 1888 (VIII, 73) Bolkenhain, Hirschberg.
G.B.O. § 48.

3. Der Eigenthumserwerb ohne Auflassung.

R. 1000. **Umtausch von Grundstücken im Separationsverfahren. Ersuchen der Generalkommission um Eintragung der Abfindungsstücke ohne gleichzeitige Eintragung des Eigenthümers.**

1000. a) Das Separationsverfahren hat den gegenseitigen Austausch von Grundstücken unter den Separationsinteressenten, d. i. die Aufgabe und Erlangung des Eigenthums Seitens der letzteren zum Zwecke. Durch den Separationsrezeß erlangen sonach diejenigen Personen das Eigenthum der Abfindungsgrundstücke, welche als die legitimirten Interessenten zum Separationsverfahren zugezogen sind und welchen in diesem das Abfindungsgrundstück zugewiesen ist, nicht aber die grundbuchmäßigen Eigenthümer des alten Grundstücks.

b) Dieser Satz findet, insoweit ein Eigenthumsübergang nach dem G. v. 26. Juni 1875 vor Bestätigung des Rezesses stattfindet, auch auf diesen Eigenthumsübergang Anwendung.

c) Ersucht auf Grund des gedachten Gesetzes die General-

---

[1]) Der Sachverhalt war folgender: Im Jahre 1873 hatten mehrere Miteigenthümer, darunter auch ein durch einen Bevollmächtigten handelnder Vormund, ein Grundstück aufgelassen. Der Grundbuchrichter hatte hinterher die Eintragung beanstandet, weil die obervormundschaftliche Genehmigung nur zur Auflassung Seitens des Vormundes, nicht aber zur Bedienung eines Bevollmächtigten gelautet habe und hat eine Genehmigung der letzteren Art verlangt. Die dieserhalb fortgesetzten Verhandlungen, in deren Verlauf der Vormundschaftsrichter für seine Genehmigung noch andere Bedingungen aufstellte und sodann mehrere Interessenten verstarben, haben zu keinem Ergebniß geführt. Im Jahre 1888 hat alsdann der Spezialkommissar der Generalkommission wegen Betheiligung des Grundstücks an einer Reallasten-Ablösungssache beantragt, die Erben zweier eingetragener Miteigenthümer zur Eintragung ihres Miteigenthums anzuhalten. Dieser Antrag ist, trotz der seit der Auflassung verflossenen funfzehn Jahre, auf Beschwerde eines der Erben für unstatthaft erklärt worden und zwar gegenüber allen Betheiligten, obwohl der Beschwerdeführer nur zu dem Erbstrange einer Miteigenthümerin gehörte (vgl. R. 993).

kommission vor der Bestätigung des Rezesses um Berichtigung des Grundbuchs in Ansehung eines Grundstücks, in welchem der als legitimirt zugezogene Interessent mit dem Bucheigenthümer nicht identisch ist[1]), so liegt der Fall vor, daß durch den Rezeß sich ein im Grundbuch ausdrücklich bemerktes Rechtsverhältniß geändert hat. Die Generalkommission ist deshalb vermöge ihrer Obliegenheit zur Ausführung des Rezesses verpflichtet, ihr Ersuchen um Berichtigung des Grundbuchs zugleich darauf zu richten daß die im Plan-Ueberweisungsattest als legitimirte Eigenthümer bezeichneten Personen als Eigenthümer der Abfindungsgrundstücke eingetragen werden.

d) Ein Ersuchen, welches dem entgegen nur auf die Eintragung der Abfindungsgrundstücke, nicht aber auf die Eintragung des Eigenthümers gerichtet ist, enthält nicht alle wesentlichen Punkte des einzutragenden Vermerkes und unterliegt deshalb der Ablehnung Seitens der Grundbuchbehörde.

B. v. 23. September 1889 (IX, 115) Stolberg a. H., Nordhausen. Gemeinheitstheilungs-Ordnung v. 7. Juni 1821 (G.S. S. 53) §§ 30, 57, 141. V. v. 20 Juni 1817 (G.S. S. 161) §§ 169, 170, 196, 197. Ablösungsgesetz v. 2. März 1850 (G.S. S. 77) § 109. G. v. 26. Juni 1875 (G.S. S. 325) §§ 1, 3, 4. G.B.O. § 41. § 77 Nr. 1.

4. Die Eigenthumseintragung bei noch nicht in das Grundbuch aufgenommenen Grundstücken.

R. 1001. Natur des Antrages auf Eintragung einer im Titel noch nicht vermerkten Parzelle.

1001. Der Antrag des Eigenthümers, eine zu seinem Grundstücke gehörige, aber auf dem Titelblatt desselben noch nicht speziell vermerkte Parzelle, auf dem Blatte des Grundstücks einzutragen, ist nicht nach den Vorschriften über Anlegung eines neuen Grundbuchblattes (G.B.O. § 135), sondern auch denjenigeu über die Spezifikation des Titelblattes (G.B.O. §§ 4, 5) zu beurtheilen.

B. v. 14. Oktober 1889 (IX, 73) Löbejün, Halle a. S. G.B.O. §§ 4, 5, 135.

R. 1002. Eintragung auf Grund 44jährigen Besitzes. Accessio possessionis.

1002. Wenn § 135 Nr. 3 der G.B.O. für die Eintragung des Eigenthums bei Anlegung eines neuen Blattes den Nachweis vierundvierzigjährigen Besitzes erfordert, so ist hiermit ein solcher

---

[1]) Es handelte sich um die Erben des letzteren.

Besitz gemeint, wie er zum Nachweise der vierundvierzigjährigen Verjährung erfordert wird. Es findet deshalb bei Berechnung des Zeitraums die Einrechnung der Besitzzeit des Vorgängers (accessio possessionis) statt.

B. v. 14. Oktober 1889 (IX, 73) Löbejün, Halle a. S.
G.B.O. § 135 Nr. 3. A.L.R. I, 9 § 613.

IV. Die Dispositionsbefugniß des Eigenthümers. Gemeinsame Grundsätze für Belastung und Verschuldung.

R. 1003. **Dispositionsbefugniß des Ehemannes bei Gütergemeinschaft. Natur der Mitwirkung der Ehefrau.**

1003. a) Aus dem Wesen der Gütergemeinschaft (vgl. R. 1078) folgt, daß beim Bestehen derselben die Bestellung einer Hypothek oder Grundschuld durch den Ehemann zu erfolgen hat, während die Ehefrau nicht die Bestellung auszusprechen, sondern nur in dieselbe einzuwilligen hat. Dies findet Anwendung, gleichviel ob das Bestehen der Gütergemeinschaft aus dem Grundbuche ersichtlich ist, oder nicht.

b) Demnach genügt es zur Eintragung einer Hypothek oder Grundschuld, wenn der als Eigenthümer allein eingetragene Ehemann dieselbe mit Zustimmung der Frau bewilligt. Der Grundbuchrichter darf weder die Eintragung des Miteigenthums der Ehefrau, noch die Eintragung eines Vermerks über die Gütergemeinschaft zur Bedingung stellen.

B. v. 26. März 1888 (VIII, 83) Inowraclaw, Bromberg.
E.E.G. §§ 5, 19 Nr. 1. A.L.R II, 1 § 378.

R. 1004. **Fortgesetzte Gütergemeinschaft nach Hechinger Recht. Berücksichtigung derselben bei mangelnder Eintragung.**

1004. a) Setzt nach Hechinger Recht die überlebende Wittwe die Gütergemeinschaft mit ihren Kindern fort, so hat dieses Rechtsverhältniß auf grundbuchmäßige Beachtung nur Anspruch, wenn es im Grundbuch eingetragen ist.

b) Sind ohne Erwähnung dieses Rechtsverhältnisses nur die Wittwe und die Kinder als Miteigenthümer eingetragen, so ist Seitens des Grundbuchrichters lediglich ein römisch-rechtliches Miteigenthum als vorhanden anzunehmen. Mindestens enthält eine demgemäße Auslegung der Eintragung Seitens des Grundbuchrichters keine Gesetzesverletzung. Es ändert hieran auch der Umstand nichts, daß sich durch die bei den Grundakten befindlichen Urkunden das wirkliche Rechtsverhältniß unzweideutig feststellen läßt.

c) Ist bei bloßer Eintragung des Miteigenthums eine Hypothek im Wege der Zwangsvollstreckung auf den Antheil eines der Kinder eingetragen worden, so ist in Gemäßheit des Vorstehenden die Wittwe nicht befugt, die Löschung dieser Hypothek unter der Behauptung zu verlangen, daß sie mit den Kindern in fortgesetzter Gemeinschaft nach Hechinger Recht lebe und daß Kraft dieser das Grundstück ihrem alleinigen Dispositionsrechte unterworfen sei.

d) Eine solche Löschung kann mit Rücksicht auf die Vorschriften über den Glauben des Grundbuchs selbst dann nicht verlangt werden, wenn die vorhandene Art der Eigenthumseintragung zu Unrecht geschehen ist und vielmehr bei richtiger Prozedur die fortgesetze Gütergemeinschaft hätte eingetragen werden müssen.

Ueberweisungsbeschluß des Kammergerichts v. 28. Januar 1890.
B. des Oberlandesgerichts Frankfurt a. M. v. 27. Februar 1890 (X, 292) Hechingen.
Hohenzollersches eheliches Güterrecht[1]). E.E.G. § 9 Abs. 2. § 21. G.B.O § 50 Abs. 2.

R. 1005. **Belastungsbefugniß des Testamentsvollstreckers vor Eintragung des Eigenthums der Erben.**

1005. a) Die Verfügungsmacht des Testamentsvollstreckers hat ihren Ursprung in einer Anordnung des Erblassers. Schreitet demnach der Testamentsvollstrecker — in den Grenzen des ihm ertheilten Auftrages — zur Belastung eines Nachlaßgrundstückes durch Hypothekenbestellung, so ist er hierbei, nach des Grundsätzen des gemeinen Rechtes, von den Erben unabhängig. Daraus ergiebt sich, daß die Eintragung des Eigenthums der Erben nicht die Voraussetzung für die Belastungsbefugniß des Testamentsvollstreckers bildet. Die §§ 5, 19[1] des E.E.G., welche die Bewilligung des „eingetragenen Eigenthümers" verlangen, verfolgen nur den Zweck, die Legitimation des Verfügenden grundbuchmäßig zu machen. Diesem Erforderniß ist durch Beibringung einer direkt auf den eingetragenen Eigenthümer zurückzuführenden Ermächtigung Genüge geleistet (vgl. R. 201).

b) In Neuvorpommern und Rügen sind in Bezug auf die rechtliche Natur des Instituts der Testamentsvollstrecker prinzipielle Besonderheiten nicht vorhanden. Das vorstehende Ergebniß des gemeinen Rechts gilt deshalb auch hier.

---

[1]) s. die Zusammenstellung der Grundsätze desselben bei Johow-Küntzel, Bd. 10 S. 370 ff.

c) Die Vorschrift im § 24 Abs. 3 des G. v. 26. Mai 1873, wonach bei der Eintragung aus Testamenten noch die Erklärung des Erbschaftsantritts beizubringen ist, findet auf eine Disposition des Testamentsvollstreckers nur dann Anwendung, wenn nach Inhalt des Testaments die Befugnisse des Testamentsvollstreckers sich in Abhängigkeit von dem Erbschaftsantritt Seitens der eingesetzten Erben befinden.

Ueberweisungsbeschluß des Kammergerichts v. 16. Juni 1890.

B. des Oberlandesgerichts Stettin v. 9. Juli 1890 (X, 286) Grimmen, Greifswald.

E.E.G. §§ 5, 19. G. über das Grundbuchwesen in Neuvorpommern und Rügen v. 26. Mai 1873 (G.S. S. 229) §§ 13, 24.

V. Dingliche Rechte[1]).

R. 1006. **Spezialitätsprinzip. Bestimmte Bezeichnung der Belastung, wenn dieselbe nur eine Parzelle betrifft.**

1006. Das Spezialitätsprinzip der G.B.O. ist nicht so weit auszudehnen, daß für Eintragung von Rechten in der zweiten Abtheilung, wenn dieselben nur eine Parzelle des Grundstücks betreffen, die Beifügung einer die Lage derselben veranschaulichenden Karte oder die Aussonderung der Parzelle auf dem Titelblatt zu verlangen wäre. Das eingeräumte Recht ist vielmehr als „bestimmt" bezeichnet schon dann anzusehen, wenn die Bezeichnung so geschieht, daß die Interessenten über die Lage der Parzelle nicht im Zweifel sein können und auch ein Dritter Umfang und Inhalt des einzutragenden Rechtes genugsam erkennen kann. Die Eintragung eines eine Parzelle betreffenden Aussandungsrechts ist, wenn die Parzelle in dem beigebrachten Vertrage in vorstehender Art bezeichnet[2]) und überdies nach Angabe der Interessenten bereits abgesteckt ist, nicht zu beanstanden. Bei der Eintragung kann auf den Bestellungsvertrag verwiesen werden[3]).

B. v. 4. Januar 1889 (VIII, 80) Pyritz, Stargard.

E.E.G. § 13.

---

[1]) Vgl. auch R. 1008, 1032.

[2]) Der Vertrag lautete auf „eine, etwa einen halben Morgen betragende, abgesteckte, an die Gemeindesandgrube anstoßende Fläche" des etwa 4 Morgen großen Grundstücks.

[3]) Vgl. auch R.G.U. (V. Civilsenat) v. 1. Februar 1888 (Entsch. Bd. 20 S. 274).

R. 1007. **Löschung persönlicher unvererblicher Einschränkungen. Begriff der letzteren.**

1007. Als persönliche unvererbliche Einschränkungen des Eigenthums, deren Löschung nach Maßgabe des § 102 der G.B.O. erfolgen kann, sind solche Einschränkungen verstanden, welche an der Person des Berechtigten haften, nicht aber Rechte, welche nur gegen die Person des jeweiligen Besitzers und nur auf dessen Lebenszeit bestehen. Hypotheken von den Revenuen des gegenwärtigen Fideikommißbesitzers (vgl. R. 1011) gehören deshalb nicht hierher.

B. v. 10 Februar 1890 (IX, 110) Nimptsch, Schweidnitz.
G.B O. § 102.

VI. Hypotheken- und Grundschulden.

1. Eintragung[1]).

R. 1008. **Bezeichnung des Gläubigers. Firma eines Einzelkaufmannes.**

1008. Der Grundsatz, daß der Handelsname einer Firma als eine für den Grundbuchverkehr statthafte und ausreichende Bezeichnung des Berechtigten zuzulassen ist, findet nur auf in das Handelsregister eingetragene Handelsgesellschaften, nicht aber auf die Firma eines Einzelkaufmannes Anwendung. Ist der Gläubiger einer Hypothek ein Einzelkaufmann, so ist es demnach nicht statthaft, die Hypothek auf den Namen der Firma einzutragen[2]) (vgl. R. 30).

B. v 28. Januar 1890 (IX, 3 u. 86) Heiligenstadt, Nordhausen.
H.G.B. Art. 111. E.G. z. H.G.B. Art. 23.

R. 1009. 1010. **Belastung ideeller Antheile.**

1009. Da der eingetragene Eigenthümer die Befugniß hat, ideelle Antheile seines Eigenthums an Andere zu veräußern, so kann, beim Mangel einer entgegenstehenden gesetzlichen Vorschrift, ihm die Befugniß zur Verpfändung eines ideellen Antheils, als das geringere Recht, nicht abgesprochen werden. Die Eintragung einer Hypothek auf einen ideellen Antheil darf deshalb nicht aus dem

---

[1]) Vgl. auch R. 1003 ff.

[2]) Die Beifügung des Zusatzes: „in Firma u. s. w." zu dem Namen des Kaufmannes ist indessen, wie der Inhalt der Entscheidung ergiebt, für unbedenklich erachtet worden.

Grunde abgelehnt werden, weil der betreffende Antheil nicht existire[1]).

B. v. 17. Dezember 1888 (VIII, 85) Bauerwitz, Ratibor.
A.L.R. I, 17 § 69, I, 20 § 15. E.E.G. § 19.

1010. Grundbuchmäßige Miteigenthumsantheile können auch dann selbständig verpfändet werden, wenn die Eigenthumsquoten im Grundbuch nicht näher bestimmt sind. Den in solchen Fällen in Aussicht stehenden Schwierigkeiten und Verwickelungen hat der Grundbuchrichter nicht entgegenzutreten, weil er sie nicht zu vertreten hat.

B. v. 17. Dezember 1888 (VIII, 85) Bauerwitz, Ratibor.
E.E.G. § 21.

R. 1011. **Zulässigkeit der Revenuenhypothek an Fideikommißgrundstücken.**

1011. An Fideikommißgrundstücken sind Revenuenhypotheken (und zwar auch solche, die sich auf die Einkünfte des gegenwärtigen Besitzers beschränken) sowohl nach dem Rechtszustande vor Erlaß der Grundbuchgesetze v. 5. Mai 1872 zulässig gewesen, als auch gegenwärtig zulässig (vgl. R. 225).

B. v. 10. Februar 1890 (IX, 110) Nimptsch, Schweidnitz.
A.L.R. I, 20 § 225; I, 18 §§ 228, 325; II, 4 §§ 80 ff. A.G.O. I, 50 §§ 567, 568. Konk. O. v. 8. Mai 1855 (G.S. S. 321) § 58. E.E.G. §§ 18, 19.

R. 1012. **Verabredung der Zahlung von Zinsen und Kapital in Reichsgoldwährung.**

1012. Die vom Grundstückseigenthümer bezüglich einer Hypothek übernommene Verpflichtung „alle Zahlungen an Kapital, wie an Zinsen in jetziger deutscher Reichsgoldwährung zu leisten“ hat die Bedeutung, daß die Interessenten diejenige Art der Zahlung, welche die bestehende Gesetzgebung zur Zeit anordnet, zu einer vertragsmäßigen erhoben haben. Diese Abrede würde im Fall der Einführung der Silberwährung neben der jetzt bestehenden Goldwährung insofern von Erheblichkeit sein, als sie den Schuldner alsdann verpflichtete, die Zahlungen, anstatt nach seiner Wahl in einer der beiden Währungen vielmehr nach Maßgabe der Goldwährung zu leisten.

---

[1]) Der Sachverhalt war der, daß mehrere, verschiedenartig belastete, ideelle Antheile eines Grundstücks in einer Hand vereinigt wurden und daß der Besteller der Hypothek nicht sein ganzes, jetziges Miteigenthum, sondern nur einen der früheren Antheile verpfänden wollte. Die Begründung des Beschlusses ist indessen allgemein gehalten und trifft danach auch den Fall, daß durch die Hypothek ein Miteigenthumsantheil erst ausgesondert werden soll.

Die Eintragung des Vermerks darf deshalb nicht als überflüssig abgelehnt werden, wenn auch die Hypothek bereits besteht und in Reichsgoldwährung eingetragen ist (vgl. R. 227).

B. v. 27. April 1889 (IX, 79) Berlin I.
E.E.G. § 23.

R. 1013. **Unterwerfung unter die sofortige Zwangsvollstreckung. Eintragbarkeit.**

1013. Die Erklärung des Hypothekenschuldners, daß er sich wegen der Forderung der sofortigen Zwangsvollstreckung unterwerfe, stellt weder eine Beschränkung des Eigenthums oder des Verfügungsrechtes dar, noch kann sie unter den Begriff einer Zahlungsbedingung gebracht werden. Die Erklärung betrifft vielmehr nur die formale Geltendmachung der Forderung, ohne die Belastung des Grundstücks in irgend einer Weise zu ändern. Demnach ist die betreffende Erklärung für den Grundbuchrichter ohne allen Belang und selbst auf Bewilligung des Schuldners in das Grundbuch nicht einzutragen.

B. v. 11. Juni 1888 (VIII, 87) Zempelburg, Konitz.
C.P.O. § 702 Nr. 5. E.E.G. § 23. G.B.O. § 11 Nr. 2; § 43 Abs. 3.

R. 1014. 1015. **Nichtigkeit eines die weitere Belastung des Grundstücks untersagenden Vertrages. Begriff solchen Vertrages.**

1014. Ein Vertrag, welcher dem Eigenthümer die Weiterverpfändung nicht gänzlich untersagt, sondern ihm nur die Aufnahme von *Grundschulden* verwehrt, fällt nicht unter das Verbot des § 48 des E.E.G.

B. v. 20. Mai 1889 (IX, 80) Luckau, Cottbus.
E.E.G. § 48.

1015. Die Vorschrift, wonach ein Vertrag, durch den sich der Eigenthümer dem Gläubiger gegenüber verpflichtet, das Grundstück nicht weiter zu belasten, nichtig ist, trifft nur solche Abmachungen, durch die dem Gläubiger ein Recht eingeräumt werden soll, einer Weiterbelastung im Wege Rechtens entgegenzutreten. Eine Abrede, welche nur dahin geht, es dürfe der Schuldner das Grundstück nicht weiter belasten, *widrigenfalls der Gläubiger das Kapital zurückzufordern befugt sein soll*, wird durch das Verbot nicht getroffen. Eine solche Abrede konstituirt nur das Recht des Gläubigers, in gewissen Fällen sein Kapital zurückzufordern. Sie stellt deshalb lediglich eine Modalität der Rückzahlung dar, deren Eintragung nicht verweigert werden darf. Auch aus dem Gesichtspunkt einer unerlaubten Bedingung darf die Verweigerung nicht erfolgen, weil eine bedingte Willenserklärung im Sinne des § 100 I, 4 A.L.R. nicht in Frage steht.

B. v. 20. Mai 1889 (IX, 80) Luckau, Cottbus.
E.E.G. §§ 48, 23. A.L.R. I, 4 §§ 100, 136.

R. 1016. **Aufrechterhaltung der Sonderbestimmungen über die Eintragung von Pfandbriefen. Tragweite dieser Vorschrift.**

1016. a) Der § 47 G.B.O., welcher die für die Kreditinstitute ergangenen statutenmäßigen Vorschriften über die Pfandbriefsdarlehen aufrecht erhält, greift, wenn die Voraussetzungen seiner Anwendung gegeben sind, auch gegenüber den §§ 23, 24 des E.E.G. durch, so daß gegebenen Falles Eintragungen von Pfandbriefen auch in Widerspruch mit den citirten §§ 23, 24 erfolgen müssen.

b) Der § 47 der G.B.O. findet nicht nur dann Anwendung, wenn in den landschaftlichen Statuten ausdrückliche Vorschriften über die Form der Pfandbriefsdarlehen gegeben sind. Er schützt vielmehr auch diejenigen bisherigen Eintragungsformen, deren Anwendung auf Grund der früheren Gesetzgebung eine stillschweigende und selbstverständliche Voraussetzung bei Erlaß der Statuten bildete.

c) Ist danach statutenmäßig ein Anspruch der Landschaft auf Verzugszinsen von Zinsrückständen (vgl. R. 230) und auf Rückzahlung des Darlehns in Pfandbriefen gleicher Art begründet, so kann, trotzdem diese Ansprüche der Größe nach unbestimmt sind (vgl. R. 305, 306), die Eintragung des Pfandbriefsdarlehens auch ohne Angabe des Höchstbetrages, für welchen das Grundstück haften soll, nicht verweigert werden.

B. v. 7. Oktober 1889 (IX, 83) Stuhm, Elbing.
G.B.O § 47. E.E.G. §§ 23, 24.

— **Eintragung von Hypotheken während des Konkurses des Eigenthümers** s. R. 1040.

— **Rangordnung bei der Eintragung von Hypotheken** s. R. 992.

2. Abtretung und Veränderung.

R. 1017. **Legitimation des Cedenten, wenn die Hypothek in einem Gutsüberlassungsvertrag zu Gunsten des Längstlebenden zweier Ehegatten bestellt ist.**

1017. Die in einem Gutsüberlassungsvertrage zwischen Eltern und einem Kinde getroffene Abrede, daß das Restkaufgeld beim Absterben eines der Eltern dem Ueberlebenden ausschließlich verbleiben solle, bedarf nicht der Form der letztwilligen Verfügung (vgl. R. 1113).

Auf Grund eines solchen Vertrages ist sonach der Ueberlebende zur Abtretung der Restkaufgelderhypothek legitimirt, auch wenn die betreffende Klausel in das Grundbuch nicht eingetragen ist.

B. v. 17. September 1890 (X, 94) Czarnikau, Schneidemühl.
A.L.R. I, 12 § 656.

— **Abtretung mütterlicher Erbgelder durch den Vater der Kinder** s. R. 1084.

R. 1018. **Form der Cession der Ehefrau an ihren Mann. Prüfungsrecht des Grundbuchrichters.**

1018. a) Der Mangel der gerichtlichen Form bei Verträgen der Ehefrau mit ihrem Manne macht zwar das Geschäft nicht nichtig, sondern giebt nur der Ehefrau ein Anfechtungsrecht[1]). Gleichwohl hat der Grundbuchrichter den Mangel dieser Form zu beachten, da derselbe die, vom Grundbuchrichter stets zu prüfende, Handlungsfähigkeit der Frau zum Gegenstande hat[2]).

b) Danach ist es bei bezüglichen Umschreibungsanträgen Sache der Interessenten, dem Grundbuchrichter klarzulegen, daß der Cession ein nicht unter den § 198 II, 1 A.L.R. fallendes Rechtsgeschäft zu Grunde liegt (vgl. R. 1073). Wird die Klarlegung unterlassen, so ist für die Cession Seitens der Ehefrau an ihren Mann die Beobachtung der Form der §§ 198, 200 a. a. O. zu verlangen.

B. v. 12. Januar 1891 (X, 123) Breslau.
G.B.O. § 46. A.L.R. II, 1 §§ 198 ff.

R. 1019. **Theilcession. Bezeichnung des abzutretenden Betrages in einer Quote, statt in einer Summe.**

1019. Eine Theilcession entbehrt dadurch nicht der erforderlichen Bestimmtheit[3]), daß der abgetretene Betrag statt in einer Summe vielmehr in einer Quote der Hypothek ($^1/_{49}$) ausgedrückt ist. Auch hat in solchem Falle der Grundbuchrichter nicht die Umrechnung vorzunehmen, sondern lediglich den gestellten Anträgen gemäß die Eintragung zu bewirken. Die Lösung von Schwierigkeiten, die sich etwa daraus ergeben möchten, daß der Quotient sich nicht in einer runden Zahl ausdrücken läßt, bleibt lediglich den Parteien überlassen.

B. v. 4. Februar 1889 (VIII, 94) Berlin I.
E.E.G. § 23. G.B.O. § 43 Abs. 2.

---

[1]) Anscheinend widersprechend R. 459. Indessen ist zu beachten, daß es sich bei letzterem um eine Aenderung des gesetzlichen Güterstandes handelte, bei welcher Gewicht darauf gelegt worden ist, daß für den Verkehr die Frage nach dem Güterrecht einheitlich beantwortet werden müsse.

[2]) Vgl. R. 277, 1071, 1072.

[3]) Vgl. R. 247.

R. 1020. **Abtretung durch den befriedigten Gläubiger auf Anweisung des Schuldners.**

1020. a) Bezahlt der Eigenthümer eines Pfandgrundstückes eine auf demselben haftende Hypothek, so tritt ein Erlöschen der persönlichen Forderung nicht ein. Die letztere bleibt vielmehr bestehen und ruht nur so lange, als die Post in den Händen des Eigenthümers verbleibt.

b) Wenn deshalb der bisherige Gläubiger die Cession einer Post an einen Dritten mit der Bemerkung erklärt, daß der Eigenthümer ihm die Post bezahlt habe und daß die Cession auf Veranlassung des letzteren geschehe, so kann der hierauf gegründete Umschreibungsantrag nicht wegen Erlöschens der persönlichen Forderung abgelehnt werden.

c) Dagegen ist der Grundbuchrichter vermöge seiner auf die Legitimation des Cedenten sich erstreckenden Prüfungspflicht zu verlangen berechtigt, daß ihm der Nachweis des behaupteten Auftrages geführt wird, da ohne diesen der bezahlte Cedent zur weiteren Verfügung über die Post nicht befugt sein würde[1]).

B. v. 23. September 1889 (IX, 87) Burghaun, Hanau.
E.E.G. §§ 52, 63. G.B.O. § 46.

R. 1021. **Aenderung der Rückzahlungsbedingungen. Abweichung des Antrages des Gläubigers von der Bewilligung des Eigenthümers.**

1021. a) Wenn aus Anlaß der Cession einer Hypothek eine Veränderung der Rückzahlungsbedingungen verabredet und vom Eigenthümer eine demgemäße Eintragungsbewilligung ertheilt wird, so ist der Cessionar, falls der Eintragungsantrag seinerseits gestellt wird, nicht genöthigt, seinen Antrag auf alle in der Eintragungsbewilligung enthaltenen Klauseln zu erstrecken. Vielmehr darf er von der Eintragung einzelner Klauseln absehen, sofern erhellt, daß der Eigenthümer mit derselben ein eigenes besonderes Interesse nicht hat wahren wollen[2]).

b) Enthält in solchem Falle die Eintragungsbewilligung eine nicht eintragungsfähige Klausel[3]), so bleibt sie gleichwohl eine ge-

---

[1]) Die entgegengesetzte Auffassung im R. 252 ist ausdrücklich reprobirt.

[2]) Im konkreten Falle hatte der Eigenthümer in der Urkunde die Eintragung zugleich seinerseits beantragt und zwar mit dem Zusatze, daß sie „ganz nach den Anträgen des Magistrats" (Erwerbers der Post) erfolgen solle. Dieses Moment ist bei der Entscheidung mit verwerthet worden.

[3]) Es handelte sich um die Unterwerfung unter die sofortige Zwangsvollstreckung; vgl. R. 1013.

eignete Grundlage für die Eintragung der übrigen nicht zu beanstandenden Klauseln.

B. v. 12. Mai 1890 (X, 107) Berlin I.
G.B.O. § 43. A.L.R. Einl. § 91.

— **Aenderung der Zahlungsbedingungen durch Substituirung der Reichsgoldwährung** s. R. 1012.

R. 1022. **Vorrechtseinräumung. Eintragung des zurücktretenden Gläubigers als Voraussetzung derselben.**

1022. Die Eintragung der Vorrechtseinräumung kann nur erfolgen, wenn derjenige, der sie bewilligt, bereits als Gläubiger der zurücktretenden Post in das Grundbuch eingetragen ist[1]). Auf die Bewilligung des nicht eingetragenen Cessionars kann dagegen — mit Rücksicht auf die Möglichkeit, daß später bei Eintragung der Cession in Folge abweichender Auffassung ein Legitimationsbedenken erhoben werden kann — die Vorrechtseinräumung nicht eingetragen werden.

B. v. 18. Januar 1889 (VIII, 91) Stettin.
E.E.G. § 35. G.B.O. § 86.

R. 1023. **Beziehung der Vorrechtseinräumung auf Nebenleistungen. Begriff der letzteren.**

1023. Unter den „Nebenleistungen", auf welche sich nach § 35 des E. E. G. die Vorrechtseinräumung von selbst erstreckt, sind die im § 30 a. a. O. bemerkten Jahreszahlungen verstanden. Die bei einer Hypothek eingetragene Verpflichtung des Schuldners „im Falle der Veräußerung des Pfandgrundstücks eine Provision von 1 pro Mille der ursprünglichen[2]) Schuldsumme an die Gläubigerin zu zahlen", ist ein außerhalb der Darlehnsforderung liegender, wenn auch bedingter, so doch selbstständiger Anspruch[3]), welcher daher nicht als Nebenleistung zu erachten ist.

B. v. 18. Januar 1889 (VIII, 91) Stettin.
E.E.G. §§ 30, 35.

---

[1]) Nach der ratio des Beschlusses aber auch dann, wenn der Bewilligende gleichzeitig seine Eintragung als Gläubiger erlangt.

[2]) Anscheinend hat es sich um ein Amortisations-Darlehen gehandelt.

[3]) In den Gründen der Entscheidung heißt es weiter, der Anspruch habe „diese Eigenschaft nicht dadurch verloren, daß er, anstatt als Kautionshypothek, unter den Formen einer Nebenforderung eingetragen worden". Diese Motivirung scheint auf einem thatsächlichen Irrthum zu beruhen, nämlich auf der Annahme, als habe es sich um eine Provision von 1 pro Mille der (natürlich unbestimmten) Kaufsumme gehandelt, während in Wahrheit 1 pro Mille der Schuldsumme von 75 000 Mk., also die ganz fest bestimmte Summe von 75 Mk. in Rede stand. Für die Eintragung eines solchen Anspruchs als

R. 1024. **Vorrechtseinräumung zwischen Posten desselben Gläubigers.**

1024. Die Vorschrift in § 35 des E. E. G., wonach ein voreingetragener Gläubiger sein Vorrecht einem nachstehenden einräumen kann, ist auch auf Fälle anwendbar, in denen es sich um den Rang verschiedener Posten ein und desselben Gläubigers handelt.

B. v. 18. Januar 1889 (VIII, 91) Stettin.
E.E.G. § 35.

3. Löschung[1].

R. 1025. **Legitimation des Zwangsassignatars zur Löschungsbewilligung.**

1025. Derjenige, welchem eine Hypothekenforderung in Gemäßheit des älteren preußischen Gesetzes v. 4. Juli 1822 zur Einklagung und Einziehung mit den Rechten eines Assignatars überwiesen ist[2], wird zwar nicht Gläubiger dieser Hypothek, tritt aber an die Stelle des letzteren insoweit, daß er Zahlung zu fordern berechtigt ist. Deshalb ist er — analog wie der Bevollmächtigte — auch zur Ausstellung einer Quittung oder Löschungsbewilligung legitimirt[3]. Auf solche hin darf deshalb die Löschung nicht beanstandet werden.

B. v. 27. April 1889 (IX, 107) Insterburg.
G. v. 4. Juli 1822 (G.S. S. 178) §§ 2, 3. A.L.R. I, 13 § 108. I, 16 § 251. G.B.O. § 94 Nr. 1.

R. 1026. 1027. **Quittung katholischer Kirchenvorstände. Genehmigung des Patrons.**

1026. Die Vorschrift des § 19 des G. über die Vermögensverwaltung in den katholischen Kirchengemeinden v. 20. Juni 1875, wonach durch die vorgeschriebenen Unterschriften weitere Nachweise

---

Kautionshypothek fehlt die Vorbedingung der Unbestimmtheit der Größe (vgl. R. 226). Es ist hierbei die Annahme nicht abzuweisen, daß möglicherweise die gesammte obige Entscheidung unter dem Einfluß dieses Irrthums steht. Denn in Wahrheit liegt nichts anderes vor, als eine einmalige Erhöhung der Jahreszahlung um 75 Mk. für den Fall des Eintritts einer bestimmten Bedingung. Mit anderen Worten: es war bedungen, daß von der Hypothek jährlich 5 pCt., für den Fall eines Verkaufs des Grundstücks aber in dem betreffenden Jahre $5^1/_{10}$ pCt. gezahlt werden sollen. Es ist nicht ersichtlich, ob die Frage unter diesem Gesichtspunkte oder nicht vielmehr unter der oben dargelegten irrthümlichen Voraussetzung geprüft worden ist.

[1] Vgl. auch R. 1033.

[2] Das Gleiche gilt unbedenklich auch von der Ueberweisung zur Einziehung gemäß § 736 C.P.O.

[3] Ob er auch zur Abtretung der Post gemäß § 63 E.E.G. legitimirt sein würde, läßt die Entscheidung dahingestellt.

über die ordnungsmäßige Fassung der Beschlüsse sich erübrigen, bezieht sich nicht auf die Genehmigung des Patrons. Die Genehmigung des letzteren muß, wo sie erforderlich ist, dem Grundbuchrichter besonders nachgewiesen werden.

B. v. 30. April 1888 (VIII, 107) Schmiegel, Lissa.
G. v. 20. Juni 1875 (G.S. S. 241) §§ 19, 40.

1027. Zu Löschungsbewilligungen der kirchlichen Organe ist die Genehmigung des Patrons nur dann erforderlich, wenn die Aufkündigung des Kapitals durch den Kirchenvorstand, nicht aber wenn sie durch den Schuldner geschehen ist. Ob ein Fall ersterer oder letzterer Art vorliegt, hat der Grundbuchrichter, insbesondere auch unter Berücksichtigung der beigebrachten Löschungsbewilligung zu prüfen.

B. v. 30. April 1888 (VIII, 107) Schmiegel, Lissa.
G. v. 20. Juni 1875 (G.S. S. 241) § 40. A.L.R. II, 11 §§ 629, 630.

R. 1028. Begriff der Quittung bei einer Kautionshypothek.

1028. Als „Quittung" im Sinne des § 94 Nr. 1 der G. B. O. ist nicht blos ein Bekenntniß der Zahlung, sondern — im Gegensatz zu der rein formalen, nur das dingliche Recht betreffenden Löschungsbewilligung — jedes Anerkenntniß der Tilgung oder der Nichtexistenz der Forderung anzusehen. Bei einer Kautionshypothek ist deshalb eine Erklärung des Gläubigers, daß ihm an derselben keinerlei Anspruch mehr zusteht, zur Begründung des Löschungsantrages ausreichend.

B. v. 17. Dezember 1888 (VIII, 114) Berlin I.
G.B.O. § 94 Nr. 1.

R. 1029. Löschung auf Grund rechtskräftiger Verurtheilung. Wechsel in der Person des Eigenthümers.

1029. a) Ein den Gläubiger zur Löschungsbewilligung verurtheilendes rechtskräftiges Erkenntniß bildet einen gleichen Titel zur Löschung, wie die Bewilligung des Gläubigers selbst. Die Löschung auf Grund eines solchen Urtheils stellt keine Vollstreckung dar (vgl. R. 1128).

b) Ist das Urtheil nicht von dem die Löschung beantragenden Eigenthümer, sondern von einem Vorbesitzer erwirkt, so ist deshalb der Grundbuchrichter nicht berechtigt, eine auf den Namen des Antragstellers ausgefertigte Vollstreckungsklausel zu fordern. Vielmehr ist die Berechtigung des Eigenthümers, auf Grund eines solchen Urtheils die Löschung zu verlangen, nach denselben Grundsätzen zu beurtheilen, wie die Berechtigung zum Löschungsantrage auf Grund einer dem Vorbesitzer ertheilten Quittung oder Löschungsbewilligung (vgl. R. 281 ff., s. auch R. 292).

B. v. 9. April 1888 (VIII, 109) Querfurt, Naumburg.
E.E.G. § 58. G.B.O. § 94 No. 1 u. 2. C.P.O. § 671 Abs. 2.

R. 1030. Löschung auf Grund des Aufgebots der Post. Mitverhaftete Grundstücke.

1030. a) Auf Grund eines die Post präkludirenden Ausschlußurtheils kann die Löschung nur auf dem im Ausschlußurtheil erwähnten Grundstücke erfolgen. Die Löschung auf einem anderen, mitverhafteten Grundstück kann weder auf Grund des § 94 Nr. 4 u. des § 103 der G.B.O. noch auch auf Grund des § 42 Abs. 2 des E. E. G. verlangt werden. Denn das Ausschlußurtheil stellt die Thatsache, daß die Hypothek getilgt sei, nur in Ansehung der im Urtheil erwähnten Grundstücke fest und schließt namentlich nicht aus, daß die Zahlung erfolgt sein kann, um die Hypothek auf einem anderen mitverhafteten Grundstücke zu erwerben.

b) Dies erleidet auch dann keine Aenderung, wenn es sich um eine vom Hauptgrundstück abgetrennte Parzelle handelt, Betreffs deren die Uebertragung der Post dem Gläubiger nicht mitgetheilt worden ist.

B. v. 2. Juli 1888 (VIII, 113), Lübben, Cottbus.
G.B.O. § 94 No. 4; § 103. E.E.G. § 42 Abs. 2.

R. 1031. Löschung von Revenüenhypotheken nach dem Tode des Verpflichteten.

1031. Der Grundbuchbehörde ist nicht das Recht übertragen, selbstständig über das Erlöschen eines eingetragenen Rechtes zu entscheiden und demgemäß wegen Gegenstandslosigkeit der Eintragung das Grundbuch zu berichtigen. Vielmehr hat die Grundbuchbehörde Löschungen nur vorzunehmen, wenn die bestimmten formalen Voraussetzungen des Löschungsaktes gegeben sind. Demgemäß kann eine auf die Revenüen eines Fideikommisses eingetragene Hypothek (vgl. R. 225 u. 1011), auch wenn dabei im Grundbuch ausdrücklich vermerkt ist, daß die Hypothek mit dem Tode des gegenwärtigen Fideikommißbesitzers ihre Wirksamkeit verliert, nicht auf den Nachweis dieses Todes, sondern lediglich gegen Löschungsbewilligung des Berechtigten und Beibringung der Hypothekenurkunde gelöscht werden (vgl. auch R. 216 u. 1007).

B. v. 10. Februar 1890 (IX, 110) Nimptsch, Schweidnitz.
G.B.O. § 94.

R. 1032. Aenderung der Gesetze über die Löschung. Anwendbarkeit des neuen Rechts auf ältere Hypotheken.

1032. Die Vorschriften über die Löschung der Hypotheken sind Vorschriften des Verfahrens. Für letzteres greift bei einem Wechsel der Gesetzgebung das neue Recht Platz. Die Löschung von Hypotheken erfolgt deshalb, auch wenn dieselben nach früherem Recht eingetragen sind, gegenwärtig lediglich nach Maßgabe der Bestimmungen des jetzigen Rechts[1]).

B. v. 10. Februar 1890 (IX, 110) Nimptsch, Schweidnitz.

— **Fähigkeit der Mönche und Nonnen zur Abgabe von Löschungserklärungen** s. R. 1193.

4. Die Eigenthümer-Hypothek[2]).

R. 1033. **Erfordernisse der Quittung und Löschungsbewilligung Behufs Erwerbung einer Eigenthümer-Hypothek.**

1033. Wird vom Eigenthümer eine unvollständige, jedoch nicht das Gegentheil ergebende Quittung oder eine abstrakte Löschungsbewilligung vorgelegt, so ist, Mangels sonstiger entgegenstehender Angaben der Interessenten, aus dem Umstande, daß die Quittung oder Löschungsbewilligung dem Eigenthümer ertheilt ist, zu folgern, daß dieser der Zahlende gewesen ist. Der letztere ist deshalb vom Grundbuchrichter als Eigenthumshypothekar, insbesondere auch als zur Verfügung über die Hypothek legitimirt zu erachten (widersprechend R. 292, s. aber R. 294 u. R. 295 zu b).

B. v. 17. Februar 1890 (IX, 99 u. 105) Goldap, Insterburg.
E.E.G. §§ 63, 64.

5. Vormerkung.

R. 1034. **Umschreibung einer Arrestvormerkung in eine definitive Hypothek beim Wechsel des Eigenthümers.**

1034. Die auf Grund eines Arrestbefehls eingetragene Vormerkung gewährt allerdings dem Gläubiger ein, durch die Rechtsbeständigkeit seiner Forderung bedingtes Pfandrecht. Indessen unterliegt die endgiltige Eintragung an Stelle der Vormerkung denselben Erfordernissen, wie die Eintragung vollstreckbarer Geldforderungen im Allgemeinen. Danach erfordert sie einen vollstreckbaren Schuldtitel gegen den Eigenthümer. Hat der letztere nach Eintragung der Vormerkung das Grundstück anderweit aufgelassen, so kann demgemäß die Umschreibung nicht auf Grund eines gegen den Voreigenthümer, sondern nur auf Grund eines gegen

[1]) Vgl. den zu Grunde liegenden Fall bei R. 1031.
[2]) Vgl. auch R. 1020.

den jetzigen Eigenthümer vorliegenden Vollstreckungstitels erfolgen (widersprechend R. 312).

B. v. 28. April 1890 (X, 119) Schweidnitz.
Zw.G. §§ 6, 8, 10. C.P.O. § 671.

6. Die Hypothekenurkunde.

R. 1035. **Abtretung der Zinsen eines Theilbetrages. Erforderniß der Bildung einer Zweigurkunde.**

1035. Theilabtretungen im Sinne des § 83 der G.B.O. liegen nur dann vor, wenn Theile des Kapitals anderen Personen übereignet werden. Die mit der Hauptforderung verbundene Zinsobligation ist dagegen nicht ein selbstständiges Hypothekenrecht. Bei der bloßen Abtretung von Zinsen eines Theilbetrages einer Hypothek bedarf es deshalb der Bildung einer Zweigurkunde nicht. Der Grundbuchrichter ist nicht berechtigt, die Herstellung einer solchen zur Bedingung für die Eintragung der Abtretung zu machen.

B. v. 23. Dezember 1889 (IX, 89) Berlin I.
G.B.O. § 83.

R. 1036. **Form der Abzweigung bei Theilabtretungen. Bildung der Zweigurkunde für den Cedenten.**

1036. In den Grundbuchgesetzen ist ein Satz des Inhalts, daß bei Theilabtretungen die Haupturkunde dem Cedenten verbleiben und der Zweigbrief dem Cessionar zugefertigt werden müsse, nicht enthalten. Deshalb ist es auch statthaft, in umgekehrtem Sinne zu verfahren, nämlich eine Zweigurkunde über den dem Cedenten verbliebenen Rest anzufertigen und die Haupturkunde mit dem entsprechenden Abzweigungsvermerk für den Cessionar herzustellen.

Insbesondere darf, wenn Seitens des instrumentirenden Notars in diesem Sinne verfahren ist, die Grundbuchbehörde daraus einen Anstand gegen die Eintragung der Cession nicht erheben.

B. v. 30. Juni 1890 (X, 115) Görlitz.
G.B.O. § 83.

VII. Die Zwangseintragungen in das Grundbuch und die Zwangsversteigerung.

1. Zwangsweise Eintragung des Eigenthümers.

R. 1037. Zuständigkeit der Spezialkommissare zu bezüglichen Anträgen.

1037. Zu den zuständigen Behörden, welche die Anhaltung des Eigenthümers zur Eintragung seines Eigenthumes fordern können, gehören auch die Spezialkommissare der Generalkommissionen.

B. v. 19. November 1888 (VIII, 73) Bolkenhain, Hirschberg.
G.B.O. §§ 55, 56.

R. 1038. Kognition des Grundbuchrichters gegenüber behördlichem Ersuchen.

1038. Auch dem von einer Behörde ausgehenden Verlangen gegenüber ist der Grundbuchrichter berechtigt und verpflichtet, zu prüfen, ob die Voraussetzungen des Zwangsverfahrens Zwecks Eintragung des Eigenthums im einzelnen Falle gegeben sind. Er hat danach die Einleitung des Zwangsverfahrens insbesondere dann abzulehnen, wenn der Eigenthümer, gegen den das Verfahren sich richten soll, das Grundstück anderweit aufgelassen hat und diese Auflassung zwar nicht zu einer Eintragung geführt hat, aber noch zu solcher führen kann (vgl. R 999).

B. v. 19. November 1888 (VIII, 73) Bolkenhain, Hirschberg.
G.B.O. §§ 55, 56.

2. Die Judikatshypothek.

R. 1039. Anwendbarkeit der allgemeinen Grundsätze über Zwangsvollstreckung. — Tod des Schuldners zwischen Verurtheilung und Eintragungsantrag.

1039. a) Die allgemeinen, aus der C.P.O. sich ergebenden Voraussetzungen der Zwangsvollstreckung sind auch zur Eintragung der Zwangshypothek erforderlich.

b) Die in der Eintragung der Zwangshypothek liegende Zwangsvollstreckung beginnt nicht mit der Ertheilung der Vollstreckungsklausel oder der Zustellung, sondern frühestens mit dem Eingange des Eintragungsantrages. Ist zu letzterer Zeit der Schuldner bereits todt und erhellt dies aus dem Grundbuch selbst[1]),

---

[1]) Im fraglichen Falle war in das Grundbuch eingetragen worden, daß über den Nachlaß des Eigenthümers der Konkurs eröffnet ist.

so kann auf Grund einer gegen den Schuldner ertheilten Vollstreckungsklausel die Eintragung nicht erfolgen. Der Umstand, daß der Schuldner noch als Eigenthümer im Grundbuch eingetragen ist, macht die Eintragung nicht zulässig.

B. v. 17. September 1890 (X, 110) Maggrabowa, Lyck.
C.P.O. §§ 671, 693.

R. 1040. **Eintragung von Zwangshypotheken während des Konkurses des Eigenthümers.**

1040. a) Der § 12 der Konk.O., welcher über die Erwerbung von Hypothekenrechten während des Konkurses disponirt, macht die Eintragung einer Hypothek nach der Konkurseröffnung nicht schlechthin unzulässig, sondern ist dahin zu verstehen, daß die Eintragung nur den Konkursgläubigern nicht nachtheilig sein soll, also unbeschadet der Rechte derselben erfolgen kann.

b) Der § 12 a. a. O. bezieht sich ferner auf alle Hypothekenrechte. Können nach der Landesgesetzgebung Hypotheken im Wege der Zwangsvollstreckung erworben werden, so fallen dieselben gleichfalls unter den § 12.

c) Insoweit danach Hypotheken während des Konkursverfahrens erworben werden können, steht der Erwerbung auch der § 11 der Konk.O., welcher während der Dauer des Konkurses Zwangsvollstreckungen zu Gunsten einzelner Konkursgläubiger verbietet, nicht entgegen. Vielmehr erleidet § 11 durch § 12 eine Modifikation.

d) Danach ist es während des Konkursverfahrens statthaft, aus einem gegen den Gemeinschuldner erwirkten älteren Schuldtitel eine Zwangshypothek mit dem Zusatze: „unbeschadet der Rechte der Konkursgläubiger", einzutragen.

B. v. 17. September 1890 (X, 110) Maggrabowa, Lyck.
Konk.O. §§ 11, 12. Zw.G. §§ 2, 6.

— **Eintragung einer Zwangshypothek auf den Antheil eines Kindes bei fortgesetzter Gütergemeinschaft nach Hechinger Recht** s. R. 1004.

— **Umschreibung einer Arrestvormerkung in eine definitive Hypothek** s. R. 1034.

R. 1041. **Stellung des Antrages durch einen Bevollmächtigten. Form der Vollmacht.**

1041. Bei Anträgen auf Eintragung von Zwangshypotheken ist die Vollmacht nur dann von der Beglaubigung befreit, wenn es sich um den Prozeßbevollmächtigten handelt. Vollmachten für andere Personen[1]) bedürfen dagegen auch hier der Beglaubigung.

B. v. 17. September 1890 (X, 110) Marggrabowa, Lyck.
Zw.G. § 12 Abs. 2. G.B.O. § 37.

R. 1042. **Auslegung des vollstreckbaren Titels Seitens des Grundbuchrichters. — Eintragung von Kosten gegen einen von mehreren Streitgenossen.**

1042. a) Jedes Schriftstück, auf Grund dessen eine Grundbuchoperation vorgenommen werden soll, unterliegt der Auslegung Seitens des Grundbuchrichters. Hiervon machen vollstreckbare Titel keine Ausnahme; vielmehr muß auch bei ihnen der Grundbuchrichter den Sinn derselben durch Auslegung finden.

b) Wird demgemäß aus einem gegen mehrere Streitgenossen ergangenen Kostenfestsetzungsbeschlusse, welcher über eine Theilung der Kosten nichts ausspricht, eine Eintragung in das Grundbuch nur gegen einen Genossen nachgesucht, so hat der Grundbuchrichter durch Auslegung zu ermitteln, was der Beschluß und das demselben zu Grunde liegende Urtheil[2]) hinsichtlich der Verpflichtung jedes einzelnen Streitgenossen zur Kostenerstattung bestimmt. Hierbei hat er auch den § 95 der C.P.O. in Betracht zu ziehen, wonach in Ermangelung einer Entscheidung durch Urtheil die Vorschriften des bürgerlichen Rechts betreffs der Verpflichtung, wegen der Kosten solidarisch zu haften, Platz greifen und eventuell mehrere Verurtheilte nur nach Kopftheilen haften. Der Grundbuchrichter ist nicht berechtigt, die Kosten in vollem Betrage mit der Motivirung einzutragen, daß er sich auf eine Auslegung des Kostenfestsetzungsbeschlusses nicht einzulassen habe[3]).

B. v. 15. April 1889 (IX, 92) Tuchel, Konitz.
G.B.O. § 46. Zw.G. § 6. C.P.O. §§ 95, 663.

---

[1]) Es handelt sich um eine Zwangseintragung aus einer vollstreckbaren Notariatsurkunde.

[2]) Es scheint, daß im fraglichen Falle das Urtheil mit überreicht war; erforderlich ist solches aber nicht.

[3]) Der R. ist, insoweit er den Abs. 1 des § 95 betrifft („Besteht der unterliegende Theil aus mehreren Personen, so haften dieselben für die Kostenerstattung nach Kopftheilen"), unbedenklich zu billigen. Insoweit er aber den § 95 Abs. 4, wegen der Vorschriften des bürgerlichen Rechtes mit hineinzieht, steht er in Widerspruch mit dem B. des R.G. (IV. Civilsenat) v. 30. September 1886, (Juristische Wochenschrift 1886 S. 314 Nr. 3), welcher die Solidarhaft im Urtheil ausgesprochen haben will, wenn sie für den Festsetzungsbeschluß wirksam sein soll. In der That erscheint im Vollstreckungsverfahren (und dem steht das Verfahren des Grundbuchrichters wenigstens analog) kein Raum für die Prüfung der Frage und eine in diesem Verfahren ergehende Entscheidung verschränkt dem Schuldner seine Vertheidigung zur Ungebühr. Der Gläubiger kann gegen ihn

3. Die Zwangsvollstreckung in Hypotheken.

R. 1043. Zwangsüberweisung der Hypothek einer Ehefrau. Eintragung ohne Mitwirkung des Ehemannes.

1043. a) Ist ein vollstreckbarer Schuldtitel gegen eine Ehefrau erwirkt, so ist die Zwangsvollstreckung in Forderungen der letzteren, insbesondere die Ueberweisung von Forderungen an Zahlungsstatt auch ohne Genehmigung des Ehemannes rechtswirksam. Gehört die Forderung zum eingebrachten Vermögen der Frau, so ist es Sache des Ehemannes, sein der Zwangsvollstreckung entgegenstehendes Recht im Wege der Klage geltend zu machen.

b) Hieraus folgt jedoch nicht, daß die durch Ueberweisung bewirkte Abtretung einer solchen Forderung auch in das Grundbuch einzutragen ist. Da sich die Abtretung von Hypotheken unabhängig von der Eintragung im Grundbuch vollzieht, so ist vielmehr die Frage der Eintragungsfähigkeit als lediglich das Grundbuch betreffend, auch nur nach den Grundsätzen des Grundbuchrechts zu beurtheilen. Danach aber ersetzt die Ueberweisung an Zahlungsstatt nur die Eintragungsbewilligung des Schuldners, d. i. der Ehefrau. Ist, wie bei eingebrachten Forderungen, die Frau ohne Genehmigung des Mannes zur Verfügung über die Post nicht legitimirt, so kann auch die Ueberweisung ohne Beibringung der Genehmigung des Mannes nicht eingetragen werden.[1])

B. v. 18. März 1889 (IX, 95) Langensalza, Erfurt.

C.P.O. §§ 51, 709, 736, 737. A.G. 3. C.P.O. § 16. E.E.G. § 54. G.B.O. § 46. A.L.R. II, 1 § 233.

---

nur das zur Vollstreckung bringen, was er erstritten hat, eine Solidarhaft deshalb nur dann, wenn er gerade diese erstritten hat, nicht auch dann, wenn er materiell einen Anspruch auf dieselbe hat. Es dürfte deshalb folgender Satz für richtig zu erachten sein.

> Aus einem gegen mehrere Schuldner ergangenen Kostenfestsetzungsbeschlusse, kann, wenn weder der Beschluß noch das Urtheil betreffs der Kosten eine Solidarverpflichtung oder eine bestimmte Quotentheilung ausspricht, die Eintragung gegen den einzelnen Streitgenossen nur auf Höhe seines Kopftheiles erfolgen.

[1]) Die Grundsätze zu a und b stehen — nach Meinung des Herausgebers — mit einander in Widerspruch. Nur einer von Beiden kann richtig sein. Ist nämlich die Ueberweisung wirksam, dann kann der Cessionar vom Eigenthümer die Zahlung der überwiesenen Post fordern. Der Zwangscessionar würde aber andererseits zur Ertheilung der Löschungsbewilligung nicht legitimirt sein; denn wer seine Eintragung als Gläubiger nicht verlangen kann, kann auch keine wirksame Löschungsbewilligung ertheilen. Der Eigenthümer müßte also die Forderung zahlen, ohne zur Löschung zu gelangen. Das ist ein unhaltbarer Zustand. Läßt man aber etwa gegen die Klage des Zwangscessionars die Einrede des Eigenthümers zu, ersterer könne keine Zahlung verlangen, weil er nicht

— **Legitimation des Zwangsassignatars zur Löschungsbewilligung** s. R. 1025.

4. Verwaltungszwangsverfahren.

R. 1044. **Pfändung von Hypotheken Seitens der Auseinandersetzungsbehörde. Voraussetzungen der Zuständigkeit.**

1044. Die Vorschrift des § 89 des G., betreffend das Verfahren in Auseinandersetzungsangelegenheiten v. 18. Februar 1880, Inhalts deren für die Zwangsvollstreckung in Auseinandersetzungssachen die ordentlichen Vollstreckungsgerichte zuständig sind, findet keine Anwendung auf den Fall der Beitreibung solcher Geldforderungen, deren Einziehung zur Ausführung einer Auseinandersetzung oder zur Ausgleichung unter den bei einer Auseinandersetzung Betheiligten erforderlich ist. Dieser Fall ist im § 86 a. a. O. als eine Ausnahme von der Regel des § 89 anderweit geordnet. Demgemäß findet die Beitreibung einer solchen Geldforderung im Verwaltungszwangsverfahren statt. Als zuständige Vollstreckungsbehörde fungirt die Generalkommission, welche sonach auch zur Pfändung von Forderungen, die in das Grundbuch eingetragen sind, und zur Stellung des Ersuchens wegen Eintragung der Pfändung in das Grundbuch kompetent ist.

B. v. 21. Januar 1889 (VIII, 98) Grätz, Meseritz.

G. v. 18. Februar 1880 (G.S. S. 59) §§ 86, 89. V. v. 7. September 1879 (G.S. S. 591) §§ 3, 42.

R. 1045. **Nachweis der Zustellung des Pfändungsbeschlusses beim Ersuchen um Eintragung.**

1045. Zum Nachweis der im Verwaltungszwangsverfahren erfolgten Pfändung einer in das Grundbuch eingetragenen Forderung ist der Nachweis der erfolgten Zustellung des Pfändungsbeschlusses an den Eigenthümer auch dann erforderlich, wenn das Ersuchen um Eintragung nicht von dem Gläubiger, sondern von der Vollstreckungsbehörde ausgeht. Dieser Vorschrift sind auch die Auseinandersetzungsbehörden (vgl. R. 1044) unterworfen; dieselben können sich ihr nicht durch die Erwägung ent-

---

mit Wirksamkeit die Löschung bewilligen könne, dann negirt man eben die Wirksamkeit der Abtretung. Man muß sich deshalb entschließen, den § 737 Abs. 1 C.P.O. und den § 16 Abs. 2 des A.G. z. C.P.O. in gleichem Sinne zu interpretiren und danach die Zustimmung des Ehemannes zur Wirksamkeit der Cession und zur Eintragung gleichmäßig zu erfordern oder gleichmäßig für entbehrlich zu erklären. Die erstere Alternative dürfte nach dem Wortlaut des Gesetzes für die richtige zu erachten sein.

ziehen, daß das gesammte Auseinandersetzungsverfahren lediglich unter ihrer Verantwortlichkeit geschehe.

B. v. 21. Januar 1889 (VIII, 98) Grätz, Meseritz.
V. v. 7. September 1879 (G.S. S. 591) §§ 3, 45. A.G. z. C.P.O. § 16. G. v. 18. Februar 1880 (G.S. S. 59) § 86.

5. Zwangsversteigerung.

R. 1046. **Voraussetzungen der Theilungssubhastation unter Miterben. Unbestimmtheit der Antheilsquoten.**

1046. Der Antrag eines Miteigenthümers auf Zwangsversteigerung zum Zwecke der Auseinandersetzung setzt voraus, daß dem Antragsteller das Miteigenthum zu einer bestimmten Quote zusteht. Diese Voraussetzung trifft bei Miterben erst dann zu, wenn im Wege der Erbtheilung die Quoten bestimmt sind, nach welchen der Erbe an den einzelnen Nachlaßgegenständen Antheil haben soll. Solange dies nicht geschehen ist, muß der Antrag eines Miterben auf Zwangsversteigerung zum Zwecke der Auseinandersetzung zurückgewiesen werden[1]).

B. v. 10. Februar 1889 (IX, 123) Nieder-Wüstegiersdorf, Schweidnitz. Zw.G. § 185.

---

[1]) Dieser — aus Anlaß einer Kostenbeschwerde (vgl. R. 1172) — aufgestellte Satz muß großes Bedenken erregen. Die Praxis der meisten Amtsgerichte (wenn nicht gar aller) ist durchaus entgegengesetzt. In der That ist nur die entgegengesetzte Handhabung mit einem rationellen Nachlaßtheilungsverfahren vereinbar. Bei letzterem verfährt man nämlich so, daß man die Stücke, die kein Erbe übernehmen mag, versilbert und den Erlös theilt. Das K.G. will betreffs der Grundstücke umgekehrt verfahren wissen: man soll den übrigen Nachlaß theilen und in Ansehung der Grundstücke jedem Erben eine bestimmte Quote anweisen, womit dann das Nachlaßtheilungsverfahren beendet sein soll. Nun entbehrt aber die hier für Grundstücke geforderte Ausnahmestellung jeder Begründung. Das materielle Recht eines Miteigenthümers, auf Theilung anzutragen, ist nämlich genau das gleiche für Mobilien, wie für Immobilien (§§ 89, 90 I, 17 A.L.R.). Kann ein Grundstück nicht zur nothwendigen Subhastation gebracht werden, bevor bestimmte Quoten der einzelnen Miterben an demselben festgestellt sind, dann kann auch kein silberner Löffel aus dem Nachlaß zur nothwendigen Auktion gebracht werden, bevor die ideellen Quoten der Miterben an diesem Löffel festgestellt sind. Denn Auktion der Mobilien und Subhastation der Immobilien haben materiell dieselben Voraussetzungen. Es erhellt aber von selbst, daß bei solcher Prozedur überhaupt ein Nachlaßtheilungsverfahren nicht bestehen kann. Bei ihm würde der Verkauf der Nachlaßstücke nicht mehr ein Mittel der Theilung sein, vielmehr bestände die Theilung des Nachlasses in der Uebereignung von ideellen Quoten an den einzelnen Nachlaßsachen. Da nun aber der Verkauf der Sache in den Gesetzen direkt als Mittel für die Theilung auch bei Erben vorgeschrieben ist (§ 90 mit § 123 I, 17 A.L.R.), so müßte das

Dritter Abschnitt.

Handelsrecht.

I. Firmen und Prokuren.

R. 1047. **Begriff des vom Firmenzwang befreiten Minderkaufmanns.**

1047. Für die Frage, ob das Gewerbe einer Person über den Umfang des Handwerksbetriebes hinausgeht, kommt nicht

---

K.G. die Konsequenz seiner Ansicht dahin ziehen: da bei der Erbesgemeinschaft den Gegenstand eines bestimmt quotisirten Miteigenthums der Erben nicht die einzelnen Nachlaßstücke, sondern die Erbschaft als solche bildet, so erstreckt sich das Verkaufsrecht des einzelnen Erben nur auf die Erbschaft als solche, d. h. eine Nachlaßtheilung besteht (vielleicht abgesehen von den in Natur theilbaren Sachen) darin, daß man die Erbschaft als Ganzes verkauft und den Erlös theilt. Es darf indessen bezweifelt werden, daß das K.G. diese, allen Anforderungen des praktischen Lebens widerstrebende Konsequenz zu ziehen geneigt sein wird.

Betrachtet man diese Konsequenz als ausgeschlossen, dann fragt man sich vergeblich, wie überhaupt die Ansicht des K.G. in einem Falle durchgeführt werden soll, in welchem Konferenda der Miterben in Frage stehen, deren Höhe nach dem Werthe der Erbschaft erst bemessen werden soll. Dafür ein Beispiel: Zu einer Erbschaft, an welcher zwei Kinder A u. B betheiligt sind, gehört lediglich ein Grundstück. A u. B erben zu gleichen Theilen, so jedoch, daß A 50 000 Mk. in die Erbschaft zu konferiren hat. Nun besteht die Kollationspflicht gesetzlich darin, daß der Pflichtige eine gewisse Summe bei der Theilung sich anrechnen lassen muß, so jedoch, daß er, von einem singulären Ausnahmefall abgesehen, nichts herauszugeben braucht. Im vorliegenden Falle stellt sich das Ergebniß also wie folgt: Bringt das Grundstück 80 000 Mk., so erhält davon A 15 000 Mk. und B 65 000 Mk. Bringt es dagegen nur 40 000 Mk., so erhält B den ganzen Erlös und A nichts. Woher soll nun in solchem Falle A den Anspruch herleiten, daß ihm B eine bestimmte Quote am Grundstück als sein Miteigenthum eintragen läßt? Dies würde ja zur Folge haben, daß A dieses Miteigenthum zur freien Verfügung erhält, während die Erbtheilung erst zur Feststellung bringen soll, ob er vom Erlöse des Grundstücks noch etwas zu beanspruchen hat! In diesem Falle ist es also gar nicht denkbar, anders zu prozediren, als zuerst und vor jeder Quotentheilung das Nachlaßgrundstück zu subhastiren und dann erst die Nachlaßtheilung vorzunehmen.

Deshalb sind — entgegen der kammergerichtlichen Ansicht — folgende Sätze für richtig zu erachten:

a) Die landrechtlichen Regeln über den Zwangsverkauf gemeinschaftlicher Sachen behufs Theilung (§§ 89, 90 I, 17) bezwecken den Verkauf einzelner Sachen, nicht den eines Vermögensinbegriffes.

sowohl der jährliche Umsatz[1]) und die Größe des Geschäftspersonals als vielmehr die Größe und Art der Anlage in Betracht. Namentlich ist in Rücksicht zu ziehen, ob der Betrieb wesentlich durch Handarbeit mit gewöhnlichem Handwerkzeug geschieht, oder ob ein umfangreicher maschineller Betrieb eingeführt ist und ferner ob die Verhältnisse des Geschäfts eine kaufmännische Buchführung verlangen (wobei in Frage kommt, ob Kredit genommen und gewährt wird). Endlich sind auch die persönlichen Verhältnisse des Geschäftsinhabers nicht unberücksichtigt zu lassen.

B. v. 14. Oktober 1889 (IX, 11) Ratibor.
H.G.B. Art. 10.

R. 1048. **Eintragung des Ortes der Niederlassung. Begriff.**

1048. Der in das Firmenregister einzutragende „Ort der Niederlassung" einer Handlung ist nicht nothwendig identisch mit dem Begriffe der Stadt oder des Dorfes, in dem die Handlung sich befindet. Auch ist die sonstige politische oder administrative Zugehörigkeit nicht entscheidend. Vielmehr ist als „Ort" in dem gedachten Sinne der geographische Bezirk anzusehen, dessen Name gebräuchlich ist, um auch in weiteren Handelskreisen das Geschäftsdomizil zu bezeichnen. Eine in dieser Beziehung zu treffende Feststellung des Registerrichters muß auf Würdigung nicht nur der Parteianträge, sondern zugleich der Gesammtheit der lokalen Verhältnisse, sowie der Auffassung gegründet werden, welche

---

b) Besteht deshalb das gemeinschaftliche Eigenthum in einem ganzen Vermögensinbegriff, so folgt aus dem Miteigenthum an dem Inbegriff das Recht, auf den Verkauf der einzelnen, nicht in Natur theilbaren, Sachen anzutragen.

c) Beim gemeinschaftlichen Miteigenthum der Erben hat deshalb jeder Erbe Kraft des Erbschaftserwerbs das Recht, auf den Zwangsverkauf der zum Nachlaß gehörigen Grundstücke anzutragen.

In der Literatur sind für die Annahme des K.G.: Foerster-Eccius (Preuß. Privatrecht Bd. III § 182 Anm. 95; 5. Aufl. 1887 S. 312) und Krech-Fischer (Das Preußische Gesetz, betreffend die Zwangsvollstreckung zu § 185 Anm. 5; 2. Ausg. 1886 S. 674); für die diesseitige Meinung (wenn auch ohne direkten Ausspruch) Dernburg, (Preuß. Privatrecht Bd. III § 246 S. 714 f. 3. Aufl. 1884; vgl. auch Bd. I § 224 S. 564; 4. Aufl. 1884), während Jaeckel, Die Zwangsvollstreckung in Immobilien zu § 180 Anm. 4; 2. Aufl. 1885 S. 503) zwar die kammergerichtliche Ansicht vertritt, indessen an anderer Stelle (zu § 185 Anm. 1 ad e S. 514) dennoch mit dem Falle des Nichtfeststehens der Quoten der Miteigenthümer als einem regulär vorkommenden rechnet.

[1]) Es handelte sich um eine Fleischerei mit einem jährlichen Umsatze von 58 000 Mk.

im kaufmännischen Verkehr als übliche und herrschende hervorgetreten ist[1]).

B. v. 12. November 1888 (VIII, 11) Lennep, Elberfeld.

Instr. betr. die Führung des Handelsregisters v. 12. Dezember 1861 (J.M.Bl. S. 329) Th. I § 20.

R. 1049. **Wahl einer Firma in nicht deutscher Sprache.**

1049. Das H.G.B. enthält keine Bestimmung, durch welche der Gebrauch der deutschen Sprache für eine Firma vorgeschrieben ist. Es läßt vielmehr die Wahl der Sprache frei. Hieran ist weder durch das G. v. 28. August 1876 noch durch § 186 des G.V.G. etwas geändert (vgl. R. 1068).

B. v. 28. Mai 1888 (VIII, 23) Gnesen.

H.G.B. Art. 15 (vgl. auch Art. 32 u. 72).

R. 1050. **Begriff der statthaften Zusätze zu einer Firma.**

1050. a) Die nach Art. 16 des H.G.B. statthaften Zusätze zur Firma eines Einzelkaufmannes brauchen nicht nothwendig dem Familiennamen des Firmenführers nachzufolgen, sondern dürfen demselben auch vorangestellt werden.

b) Für solche Zusätze kann auch eine andere als die deutsche Sprache gewählt werden (vgl. R. 1049).

c) Dagegen ist es für die Statthaftigkeit eines Zusatzes wesentlich, daß er objektiv geeignet ist, zur näheren Bezeichnung der

---

[1]) Der Sachverhalt war folgender: Ein Kaufmann wollte als Ort seiner Niederlassung Lennep eingetragen sehen, während die Vorinstanzen unter der Feststellung, daß die Niederlassung thatsächlich in Krähwinklerbrücke, einer anderen, mit L. nicht in Verbindung stehenden, politischen Gemeinde, sich befinde, letzteren Ort als den maßgebenden zur Eintragung brachten. Auf weitere Beschwerde ist eine Prüfung „des Geschäftsverkehrs von L. und seiner Umgebung, sowie der Situation und des Geschäftsbetriebes der zwischen L. u. K. vorhandenen Anlagen, endlich der postalischen und der sonst etwa noch ins Gewicht fallenden Verhältnisse" angeordnet worden, „um die Grundlage zu einer Entscheidung darüber zu erlangen, ob L. u. K. wirklich im Sinne des H.G.B. als zwei verschiedene Orte angesehen werden müssen".

Im „Jahrbuch für Entscheidungen des Kammergerichts" ist der der betreffenden Entscheidung vorangeschickte Rechtsgrundsatz dahin formulirt:

„Als „Ort" einer Handelsniederlassung im Sinne des Art. 20 des H.G.B. ist derjenige geographische Bezirk anzusehen u. s. w."

Diese Formulirung erscheint nicht richtig. Art. 20 des H.G.B. behandelt die Verpflichtung neuer Firmen, sich von vorhandenen Firmen desselben Ortes unterscheidbar zu machen. Die bezügliche Frage hat indessen den Gegenstand der Entscheidung nicht gebildet.

Person oder des Geschäftes zu dienen. Zusätze, welche nichts als eine Reklame darstellen, sind unzulässig[1]).

d) Zusätze, welche geeignet sind, das Publikum über die rechtlichen Verhältnisse der Firma oder des Firmenführers irre zu leiten, sind, wenigstens wenn es sich um die ursprüngliche Firma eines Einzelkaufmannes handelt, als dem Prinzip der Firmenwahrheit widersprechend unzulässig[2]). Dies gilt insbesondere von dem in eine solche Firma aufgenommenen Worte: „Inhaber", wenn dadurch der Schein erweckt werden kann, als handle es sich nicht um eine neu begründete, sondern um eine ältere, vom jetzigen Geschäftsinhaber fortgeführte Firma[3]).

B. v. 27. Oktober 1890 (X, 14) Berlin I.
H.G.B. Art. 16.

R. 1051. Unterscheidung neuer Firmen von vorhandenen. Berücksichtigung einer Liquidationsfirma.

1051. Die Firma einer in Liquidation befindlichen Gesellschaft ist bis zu ihrer Löschung (vgl. R. 1056) noch als eingetragen anzusehen. Die Auflösung und Liquidatorenbestellung hat auch keine Aenderung der Firma zur Folge. Insbesondere ist eine solche in der Ordnungsvorschrift über die Form der Zeichnung der Liquidationsfirma (H.G.B. Art. 139) nicht zu erblicken. Während schwebender Liquidation darf deshalb eine neue gleichlautende Firma nicht angenommen und eingetragen werden.

B. v. 17. März 1890 (X, 17) Erfurt.
H.G.B. Art 20, 139.

R. 1052. Firmenwahl für eine zum selbstständigen Geschäft erhobene Zweigniederlassung.

1052. Wird eine Zweigniederlassung von der Hauptniederlassung abgetrennt und zu einem selbstständigen Geschäft gemacht, so ist für dieses Geschäft nur eine den gesetzlichen Vorschriften für neue Firmen entsprechende Firma statthaft. Die Vorschriften über die Fortführung alter Firmen bei Geschäftsveränderungen finden hier keine Anwendung. Wird die bisherige Zweigniederlassung von mehreren offenen Gesellschaften übernommen, von denen der Name

---

[1]) Vgl. indessen wegen der Führung solcher Zusätze außerhalb der eigentlichen Firmen R. 455 zu b.

[2]) Vgl. auch R.G.U. (I. Civilsenat) v. 2. März 1881 (Entsch. Bd. 3 S. 165).

[3]) Es stand die Firma: „Au bon marché, Inhaber George L." in Frage, welche unter Aufstellung obiger Grundsätze für unstatthaft erklärt worden ist.

Keines in der bisherigen Firma enthalten ist, so muß demgemäß die Gesellschaft eine neue Firma annehmen (vgl. R. 407).

B. v. 11. März 1889 (IX, 17) Aachen.
H.G.B. Art. 17, 22—24.

— **Löschung einer Gesellschaftsfirma** s. R. 1056.

R. 1053. **Widerruf der Prokura einer Handelsgesellschaft, wenn alle Gesellschafter von der Geschäftsführung ausgeschlossen sind.**

1053. Sind sämmtliche Gesellschafter einer offenen Handelsgesellschaft von der Befugniß, die Gesellschaft zu vertreten, ausgeschlossen, so sind sie gleichwohl gemeinschaftlich zur Ertheilung einer Prokura berufen (vgl. R. 1055). Daraus folgt, daß gemäß Art. 104 Abs. 2 des H.G.B. jeder Gesellschafter zum Widerruf der Prokura befugt ist. Diese Vorschrift legitimirt ihn auch dem Registerrichter gegenüber, welcher danach auf den Widerruf auch nur eines Gesellschafters die Prokura zur Löschung bringen muß. Etwaige abweichende Festsetzungen im Gesellschaftsvertrage hat der Widerrufende lediglich seinen Mitgesellschaftern gegenüber zu vertreten. Der Art. 118 H.G.B. steht dem nicht entgegen; derselbe handelt nur von den rechtlichen Wirkungen des Widerrufs gegen Dritte und trifft über die rechtlichen Voraussetzungen des Widerrufs keine dispositiven Bestimmungen[1]).

B. v. 28. April 1890 (X, 26) Bitterfeld, Halle a. S.
H.G.B. Art. 104, 118.

---

[1]) Der Entscheidung dürfte nicht beizustimmen sein. Der Registerrichter ist nicht berufen, dasjenige zu beurkunden, was unter den Gesellschaftern Rechtens ist (denn diese bindet der Vertrag ohne und selbst gegen die Eintragung), sondern vielmehr dasjenige, was dritte Personen im Verhältniß zur Gesellschaft zu beanspruchen haben, beziehentlich gelten lassen müssen. Dies ist der Zweck des gesammten Handelsregisters (vgl. die Einl. zur Instr. v. 12. Dezember 1861, J.M.Bl. S. 329). Wenn deshalb das H.G.B. über die Ertheilung und den Widerruf der Prokura bei der offenen Handelsgesellschaft doppelte Vorschriften trifft, die einen (Art. 104) im zweiten Abschnitt „von dem Rechtsverhältniß der Gesellschafter untereinander" und die anderen (Art. 118) im dritten Abschnitt „von dem Rechtsverhältniß der Gesellschaft zu dritten Personen", so erscheinen für die Legitimation zum Handelsregister lediglich die letzteren Vorschriften maßgebend. Es ergiebt sich dies auch daraus, daß die Normen des zweiten Abschnitts überhaupt nur subsidiäres Recht darstellen, während prinzipales Recht der Gesellschaftsvertrag bildet (Art. 90). Deshalb sind diese Normen in einem Verfahren, in welchem der Vertrag nicht den Gegenstand der Kognition bildet — und dies ist beim Verfahren des Registerrichters der Fall; vgl. Instr. a. a. O. Th. I § 52 a. E. — zur Anwendung überhaupt nicht geeignet. Denn wenn man eine Norm, die nur subsidiäre Geltung hat, als eine prinzipale anwendet, so wendet man sie falsch an. Danach ergiebt sich, daß der Registerrichter die Legitimation zum Widerruf der Prokura lediglich nach Art. 118 H.G.B. zu beurtheilen hat. Da nun hier die Aufhebung

R. 1054. **Register zur Eintragung der Gütergemeinschafts-Ausschließung. Oertliche Zuständigkeit beim Wohnungswechsel der Eheleute.**

1054. Verlegen Eheleute ihren Wohnsitz von einem Orte, wo Gütergemeinschaft gilt, an einen Ort, wo getrenntes Güterrecht gilt, und schließen sie dort die Gütergemeinschaft aus, so ist, wenn der Ehemann an dem neuen Orte ein kaufmännisches Geschäft betreiben will, für die Eintragung der Gemeinschaftsausschließung in das Handelsregister und für deren Veröffentlichung das Gericht des neuen Wohnsitzes zuständig. Ob der Ehemann an dem vorigen Wohnorte Kaufmann war oder nicht, ist dabei gleichgiltig (vgl. R. 1079).

B. v. 24. März 1890 (X, 20) Magdeburg.
A.L.R. II, 1 §§ 417, 423, 425. E.G. z. H.G.B. Art. 20. Instr. v. 12. Dezember 1861 (J.M.Bl. S. 329) Th. I §§ 83 ff.

II. Offene Handelsgesellschaft.

R. 1055. **Ausschließung sämmtlicher Gesellschafter von der Geschäftsführung. Zulässigkeit und Wirkung.**

1055. Es kann wirksam vereinbart werden, daß sämmtliche Gesellschafter von der Befugniß, die Gesellschaft zu vertreten, ausgeschlossen sein sollen. In einem solchen Falle bleiben die Gesellschafter gleichwohl für ihre Person Herren des Gesellschaftsvermögens und können gemeinschaftlich für die Gesellschaft handeln (vgl. R. 1053).

B. v. 28. April 1890 (X, 26) Bitterfeld, Halle a. S.
H.G.B. Art. 99, 115.

---

der Prokura nur einem „zur Vertretung der Gesellschaft befugten Gesellschafter" zusteht, so entfällt im vorliegenden Falle der Widerruf durch einen einzelnen Gesellschafter überhaupt. Vielmehr steht der Widerruf nur der Gesammtheit der Gesellschafter, der er naturgemäß nicht genommen werden kann, zu. Dieses Ergebniß entspricht auch der Natur der Sache. Denn die Ausschließung aller Gesellschafter vom Geschäftsbetrieb hat die Existenz umfangreicher Handelsvollmachten zur Voraussetzung, deren Aufhebung einer Vernichtung des Handelsbetriebes gleichkommen kann und die deshalb rationeller Weise von der Zustimmung aller Sozien abhängig gemacht wird. Der B. des K.G. macht aber eine bezügliche Vorkehrung im Gesellschaftsvertrage völlig illusorisch, da er ganz ohne Rücksicht auf letzteren die Prokura auf den einseitigen Antrag eines Gesellschafters zur Löschung bringen läßt und ihr dadurch den öffentlichen Glauben raubt. Ein späterer Prozeß gegen den böswilligen Gesellschafter kann den angerichteten Schaden meistens nicht mehr gut machen.

R. 1056. **Zeitpunkt der Firmenlöschung für eine in Liquidation tretende Gesellschaft.**

1056. Eine im Handelsregister eingetragene Gesellschaft kann auf die Anmeldung der erfolgten Auflösung und Liquidatorenbestellung nicht gelöscht werden. Vielmehr sind lediglich der Eintritt der Liquidation und die Namen der Liquidatoren in das Register einzutragen[1]). Die Löschung der Firma ist erst nach beendeter Liquidation zu bewirken.

B. v. 17. März 1890 (X, 17) Erfurt.

H.G.B. Art. 135. Instruktion v. 12. Dezember 1861 (J.M.Bl. S. 329) §§ 57, 58.

III. Aktiengesellschaft[2]).

R. 1057. **Allgemeines Prüfungsrecht des Registerrichters**[3]).

1057. Dem Registerrichter ist allerdings nur ein formales Prüfungsrecht in der Art eingeräumt, daß ihm verwehrt ist, die Richtigkeit der angemeldeten Thatsachen zu prüfen. Dagegen ist er nicht verpflichtet, einen von ihm als gesetzwidrig erkannten Beschluß in das Register einzutragen; vielmehr hat er die Eintragung eines solchen zu versagen[4]).

B. v. 27. September 1888 (VIII, 12) Berlin II.

H.G.B. Art 210.

R. 1058. **Begriff der Einlagen. Bildung eines Dispositionsfonds aus denselben.**

1058. Die Einlagen der Aktionäre gehören zum Grundkapital der Gesellschaft. Ein aus Einlagen der Gesellschafter zu bildender Fonds, welcher nicht zum Grundkapital fließen, sondern einen besonderen, nach Ermessen des Aufsichtsraths zu verwendenden „Dispositionsfonds" darstellen soll, ist dem Gesetz unbekannt und deshalb unzulässig[5]).

B. v. 27. September 1888 (VIII, 12) Berlin II.

H.G.B. Art. 207, 239b u. 240 mit Art. 185b No. 5.

---

[1]) Aber doch auch die erfolgte Auflösung der Gesellschaft. H.G.B. Art. 129. Vgl. übrigens für die Aktiengesellschaft den entgegengesetzten R. 432.

[2]) Die in diesem Abschnitt citirten Art. des H.G.B. beziehen sich auf die Fassung des G. v. 18. Juli 1884.

[3]) Ueber Einzelheiten des Prüfungsrechts vgl. R. 419—423. 1060. 1065. 1066.

[4]) Den zu Grunde liegenden Sachverhalt s. bei R. 1065.

[5]) Vgl. R. 1065 mit Anmerkungen.

R. 1059. Qualifizirte Gründung. Begriff der Uebernahme von Vermögensstücken.

1059. Wenn Art. 209b Abs. 2 des H.G.B. für den Fall, daß Seitens der zu errichtenden Aktiengesellschaft vorhandene Vermögensstücke „übernommen“ werden, eine besondere diesbezügliche Festsetzung im Gesellschaftsvertrage und Art. 209g für diesen Fall die Erstattung eines besonderen Gründerberichtes vorschreiben, so ist unter der hier behandelten „Uebernahme“ nicht nur eine nach allen Richtungen hin perfekte Uebereinkunft, sondern jedes Abkommen über den Erwerb durch die Aktiengesellschaft verstanden, gleichviel ob dessen Bestand von dem Eintritt einer Bedingung, Zeitbestimmung ꝛc. abhängig ist.

Insbesondere fällt deshalb ein von den Gründern mit einer Gewerkschaft getroffenes Abkommen wegen Uebernahme einer Zeche hierher, sollte auch der betreffende Gewerkschaftsbeschluß erst innerhalb der letzten vier Wochen gefaßt und deshalb in Gemäßheit der bergrechtlichen Vorschriften noch nicht unanfechtbar und ausführbar geworden sein.

B. v. 2. Juni 1890 (X, 29) Dortmund.
H.G.B. Art. 209b, 209g. Allgemeines Berggesetz v. 24. Juni 1865. (G.S. S. 705) §§ 115, 116.

R. 1060. Absolute Geltung der Vorschriften über die qualifizirte Gründung.

1060. Die Vorschriften der Art. 209b Abs. 2 u. 209g des H.G.B. über die Besonderheiten der Gründung im Falle der Uebernahme gewisser Vermögensstücke Seitens der Gesellschaft sind schlechthin maßgebend. Es ist nicht zulässig, daß die Gesellschaft sich einstweilen ohne Rücksicht auf die Uebernahme konstituirt und die letztere nur den Vorschriften über die Nachgründung (Art. 213f) unterwirft. Dem steht nicht entgegen, daß Art. 213f eine besondere Vorkehrung auch für den Fall trifft, daß innerhalb der ersten zwei Jahre seit Eintragung der Gesellschaft ein Erwerb „in Ausführung einer vor Errichtung der Gesellschaft von den Gründern getroffenen Vereinbarung“ geschieht. Denn diese Vorschrift enthält nur einen Schutz für den Fall, daß es nicht gelungen ist, die Beobachtung der Gründungsvorschriften zu erzwingen. So lange aber noch die Möglichkeit besteht, die Befolgung der normalen Gründungsvorschriften herbeizuführen, kann das Registergericht auf den Nothbehelf des Art. 213f nicht verwiesen werden.

Danach ist das Registergericht, wenn durch den Bericht der ernannten Gründungsrevisoren zu seiner Kenntniß kommt, daß thatsächlich eine — von den Gründern nicht erwähnte und deshalb den

Art. 209b und 209g nicht unterstellte — Uebernahme von Vermögensstücken stattgefunden hat[1]), berechtigt und verpflichtet, bis zur Erfüllung der gedachten gesetzlichen Vorschriften die Eintragung des Gesellschaftsvertrages zu verweigern.

B. v. 2. Juni 1890 (X, 29) Dortmund.
H.G.B. Art. 209b, 209g, 209h, 215f.

R. 1061. **Nachgründung. Umfang der der letzteren unterworfenen Geschäfte.**

1061. Wenn Art. 213f des H.G.B. besondere Bestimmungen über den Fall der sog. Nachgründung trifft und im letzten Absatze ausnahmsweise die Anwendung dieser erschwerenden Vorschriften auf den Erwerb unbeweglicher Gegenstände ausschließt, „sofern auf ihn der Gegenstand des Unternehmers gerichtet ist", so bezieht sich diese Ausnahmevorschrift nur auf den Fall, daß der Gegenstand des Unternehmens im Allgemeinen, seiner ganzen Natur nach, das Immobilien-Erwerbsgeschäft begreift, wie z. B. bei Baugesellschaften und Hypothekenbanken. Liegt dagegen dieser Fall nicht vor, handelt es sich vielmehr nur um den besonderen Erwerb gewisser für den sonstigen Geschäftsbetrieb der Gesellschaft erforderlichen Immobilien[2]), so greift die erleichternde Ausnahmevorschrift nicht Platz; vielmehr ist ein solcher Erwerb den allgemeinen Vorschriften über die Nachgründung unterworfen.

B. v. 2. Juni 1890 (X, 29) Dortmund.
H.G.B. Art. 213f.

R. 1062. **Form der Willenserklärungen des Vorstandes. Statutarische Uebertragung der bezüglichen Bestimmung an den Aufsichtsrath.**

1062. a) Wenn Art. 209 Nr. 5 des H.G.B. vorschreibt, daß der Gesellschaftsvertrag „die Art der Bestellnng und Zusammensetzung des Vorstandes" bestimmen muß und ferner Art. 229, daß der Vorstand „in der durch den Gesellschaftsvertrag bestimmten Form" seine Willenserklärungen abzugeben hat, so ist darunter nicht zu verstehen, daß die Zahl der Vorstandsmitglieder und die Art der Zeichnung beim Vorhandensein mehrerer Vorstandsmitglieder im Gesellschaftsvertrage Ausdruck finden müsse. Vielmehr ist es gestattet, im Gesellschaftsvertrage zu bestimmen, daß der Aufsichtsrath über die Zahl der Vorstandsmitglieder und beim Vorhandensein

[1]) Vgl. den zu Grunde liegenden Fall bei R. 1059.

[2]) Dieser Fall ist als vorliegend angenommen worden betreffs einer Aktiengesellschaft, deren Gegenstand im Bergwerksbetrieb einschließlich der Verarbeitung eigener sowie angekaufter Bergwerksprodukte bestand.

mehrerer Vorsteher über Einzel- oder Kollektivvertretung durch die letzteren zu entscheiden hat.

b) In Fällen solcher Art ist demnächst die vom Aufsichtsrath vorgeschriebene Form der Zeichnung als „von dem Gesellschaftsvertrage bestimmt" anzusehen und muß deshalb in Gemäßheit des Art. 210c Abs. 3 des H.G.B. Seitens des Handelsgerichts veröffentlicht werden.

B. v. 9. Juni 1890 (X, 34) Breslau.
H.G.B. Art. 209 No. 5, 210c, 229.

R. 1063. **Zulassung der Kollektivvertretung durch ein Vorstandsmitglied und einen Prokuristen.**

1063. Beim Vorhandensein von zwei Vorstandsmitgliedern einer Aktiengesellschaft ist es gestattet, die Vertretung in der Art anzuordnen, daß das eine Vorstandsmitglied allein, das andere aber nur in Gemeinschaft mit einem Prokuristen zur Zeichnung befugt ist[1]). Die Eintragung einer solchen Festsetzung darf deshalb nicht beanstandet werden (vgl. R. 409).

B. v. 9. Juni 1890 (X, 34) Breslau.
H.G.B. Art. 229.

R. 1064. **Herabsetzung der Aktien auf weniger als 1000 Mk. bei älteren Gesellschaften.**

1064. Der Art. 207a des H.G.B. in der Fassung des G. v. 18. Juli 1884 ist in seiner Bestimmung über den Mindestbetrag der Aktien auf die vor dem Erlaß des erwähnten Gesetzes bereits bestandenen Aktiengesellschaften in keiner Weise anwendbar. Diese Gesellschaften sind danach auch befugt, den Betrag ihrer Aktien nach Maßgabe des älteren Rechts auf weniger als eintausend Mark herabzusetzen.

B. v. 27. September 1888 (VIII, 18) Breslau.
H.G.B. Art. 207a. G. v. 18. Juli 1884 (R.G.Bl. S. 123) §§ 2, 3.

R. 1065. **Schaffung von Vorzugsaktien im Wege bloßer Statutenänderung.**

1065. Die im Art. 209a Nr. 4 des H.G.B. statuirte Befugniß einer Aktiengesellschaft, für einzelne Gattungen von Aktien verschiedene Rechte, insbesondere betreffs der Zinsen oder Dividenden oder des Antheils am Gesellschaftsvermögen zu gewähren, kann nur von vornherein durch den Gesellschaftsvertrag ausgeübt werden. Später

---

[1]) Die begriffliche Bedeutung solcher Festsetzung, insbesondere ob das so beschränkte Vorstandsmitglied noch als solches zu erachten ist, oder ob vielmehr eine eigenartige Modifikation der Prokura in Frage kommt, läßt der Beschluß dahingestellt.

kann eine solche Maßregel nur durch einen unter Zustimmung aller[1]) Aktionäre gefaßten Beschluß der Generalversammlung angeordnet werden, weil durch einen Majoritätsbeschluß des fraglichen Inhalts die Minorität in ihren Rechten beeinträchtigt werden würde.

Ein Mehrheitsbeschluß der Generalversammlung[2]), welcher unter Abänderung der Statuten den Aktionären freistellt, durch gewisse Zuzahlungen für ihre Aktien die Rechte einer „Vorzugsaktie" zu erwerben und welcher letzteren Aktien alsdann ein Vorrecht bei der Gewinnvertheilung und bei einer eventuellen Liquidation einräumt, ist danach gesetzwidrig. Der Registerrichter hat die Eintragung desselben zu versagen[3]) (vgl. R. 1057).

B. v. 27. September 1888 (VIII, 12) Berlin II.
H.G.B. Art. 209a Nr. 4. 215 Abs. 6, 216, 219.

R. 1066. **Herabsetzung des Grundkapitals. Bedeutung des Sperrjahres.**

1066. a) Die gesetzliche Pflicht der Aktiengesellschaft, eine von ihr beschlossene Herabsetzung ihres Grundkapitals nicht vor Ablauf eines Jahres zu vollziehen, ist nur im Interesse der Gesellschaftsgläubiger angeordnet. Die Sorge für die Ausführung dieser Pflicht liegt lediglich dem Vorstande der Gesellschaft ob, ist aber nicht der Prüfung und Kontrole des Registerrichters unterstellt (vgl. R. 429).

b) Die Anordnung des Sperrjahres hat ferner nicht die Bedeutung, daß die Gesellschaft vorläufig noch vollständig in der bisherigen Weise fortzubestehen habe, sondern nur diejenige, daß das

---

[1]) Nicht blos der in der Versammlung erschienenen. Im gegebenen Falle lag ein einstimmiger Beschluß der letzteren vor, der nicht für genügend erachtet worden ist.

[2]) Dahin gehört auch ein einstimmiger Beschluß, sofern nicht alle Aktionäre anwesend sind (vgl. Anm. 1).

[3]) In dem der Entscheidung zu Grunde liegenden Falle war die betreffende Prozedur nicht in der Form der Erhöhung des Grundkapitals beschlossen worden, vielmehr sollten die Zuzahlungen gerade nicht zum Grundkapital fließen (vgl. R. 1058). Auf den Fall einer Erhöhung des Grundkapitals durch Ausgabe von Vorzugsaktien wird deshalb der Beschluß nicht zu beziehen sein. Für eine solche Prozedur erscheint nicht die Zustimmung jedes einzelnen Aktionärs erforderlich. Vielmehr zeichnet Art. 215a des H.G.B. in Verbindung mit Art. 215 Abs. 6 den Weg für diesen Fall vor, welcher eventuell analog zu beschreiten ist. Soll deshalb die Schaffung von Vorzugsaktien durch freiwillige Zuzahlung Seitens der bisherigen Aktionäre erfolgen, so wird es geboten und zugleich genügend sein, daß nach erfolgter Zeichnung der Zuzahlungen eine neue Generalversammlung, an welcher nur die zurückgesetzten Aktionäre (d. h. diejenigen, die keine neuen Zeichnungen machen) theilnehmen mit einer Mehrheit von drei Vierteln des in ihr vertretenen Grundkapitals der Ausgabe der Vorzugsaktien zustimmt Vgl. Makower, Das allgemeine deutsche H.G.B. (10. Aufl. 1890) zu Art. 215a Anm. 66 zu b, wo übrigens anscheinend der Beschluß der gemeinschaftlichen Generalversammlung für genügend erachtet wird.

von der Herabsetzung betroffene Vermögen eine Zeit lang in seinem bisherigen Bestande beisammen erhalten werden soll (vgl. auch R. 431).

c) Eine Aktiengesellschaft ist deshalb nicht gehindert, sofort mit dem Beschlusse über Herabsetzung des Grundkapitals die durch die letztere bedingten Aenderungen ihres Statuts vorzunehmen. Eine solche Aenderung enthält keine Ausführung der Herabsetzung. Der Registerrichter darf deshalb, obwohl ihm die Ablehnung gesetzwidriger Eintragungen obliegt (vgl. R. 419—423. 1057), die Eintragung der Statutenänderung nicht bis zum Ablauf des Sperrjahres verweigern. Er darf dies auch nicht unter dem Gesichtspunkte thun, daß erst nach Ablauf des Sperrjahres die Durchführbarkeit des Herabsetzungsbeschlusses und der entsprechenden Statutenänderungen sich zeige, weil der Registerrichter zur sachlichen Prüfung des Beschlusses, insbesondere auch bezüglich seiner Durchführbarkeit nicht berufen ist.

B. v. 17 Juni 1889 (IX, 20) Berlin I.
H.G.B. Art. 245, 248.

R. 1067. **Abberufung von Liquidatoren durch den Richter. Verfahren.**

1067. Bei dem Antrage auf Abberufung der Liquidatoren einer Aktiengesellschaft durch den Richter steht keine prozeßrichterliche Thätigkeit in Frage, weil Niemand einen Anspruch darauf hat, mit der Vertretung der Gesellschaft befaßt zu werden, mithin über bestimmten Personen zustehende Privatrechte nicht zu erkennen ist. Es handelt sich vielmehr um eine anderweite richterliche Thätigkeit, welche in Preußen den Amtsgerichten zufällt. Das Amtsgericht darf deshalb auch beim Widerspruch des Liqnidators einen bezüglichen Antrag nicht abweisen, sondern muß über denselben sachlich befinden[1]).

B. v. 1. Juli 1889 (IX, 23) Berlin I.
H.G.B. Art. 244. A.G. z. G.V.G. § 25 Nr. 2.

IV. Eingetragene Genossenschaft.

R. 1068. **Wahl der Firma in nicht deutscher Sprache.**

1068. Das Genossenschaftsgesetz v. 4. Juli 1868 ordnet den Gebrauch einer ausschließlich deutschen Firma für Genossenschaften

[1]) Für den analogen Fall bei der offenen Handelsgesellschaft (H.G.B. Art. 133, 134) wird die Zulässigkeit des amtsrichterlichen Verfahrens nur in beschränkter Art angenommen; vgl. R.G.U. (I. Civilsenat) v. 25. April 1885 (Entsch. Bd. 13 S. 155).

nicht an, verlangt vielmehr nur, daß die Firma mit den deutschen Worten „eingetragene Genossenschaft“ schließe. Im Uebrigen ist dagegen die Wahl einer Firma in fremder Sprache gestattet (vgl. (R. 1049)[1]).

B. v. 28. Mai 1888 (VIII, 23) Gnesen.
G. v. 4. Juli 1868 (B.G.Bl. S. 415) § 2 Abs. 2.

R. 1069. **Regelung des Stimmrechts. Berücksichtigung der Kapitalsbetheiligung der Genossen.**

1069. a) Die Vorschrift im § 41 Abs. 2 des Genossenschaftsgesetzes v. 1. Mai 1889:

„Jeder Genosse hat eine Stimme“

enthält eine absolute, der Parteiverfügung und damit der Abänderung durch Statut entzogene Norm.

b) Die gedachte Vorschrift hat die Bedeutung, daß jedem Genossen für die Generalversammlung eine Stimme zugebilligt werden muß und nicht mehr als eine solche zugebilligt werden darf, mithin daß das Stimmrecht aller Genossen ein gleiches sein muß.

c) Auch wo das Gesetz den Genossen die Freiheit giebt, im Statut für die Abstimmung „andere Erfordernisse“ oder „noch andere Erfordernisse“ als die im Gesetze bestimmten aufzustellen (§ 8 Nr. 4, § 16 Abs. 2, § 76 Abs. 1), darf das Statut von dem Grundsatz der gleichartigen Bewerthung des Stimmrechts der einzelnen Genossen nicht abweichen.

d) Eine statutarische Vorschrift, welche für gewisse wichtigere Beschlüsse neben der Stimmenmehrheit nach den Kopfzahlen auch noch eine, nach der kapitalistischen Betheiligung der Genossen zu berechnende Mehrheit erfordert[2]), widerspricht dem Grundsatze gleicher Stimmberechtigung der Genossen und ist deshalb gesetzwidrig. Die Eintragung solcher Festsetzung ist demgemäß zu versagen.

B. v. 5. Mai 1890 (X, 39) Hildesheim.
Genossenschaftsgesetz v. 1. Mai 1889 (R.G.Bl. S. 55) § 8 No. 4, §§ 16, 41, 76 Abs. 1.

---

[1]) An die Stelle des G. v. 1. Juli 1868 ist jetzt das G. v. 1. Mai 1889 (R.G.Bl. S. 55) getreten. Durch dasselbe ist indessen an dem Inhalt des obigen R. nichts weiter geändert, als daß auch die Firmenzusätze: „mit unbeschränkter Haftpflicht“, „mit unbeschränkter Nachschußpflicht“, „mit beschränkter Haftpflicht“ in deutscher Sprache geführt werden müssen; vgl. G. v. 1. Mai 1889 §§ 2, 3.

[2]) Im Statut einer Molkerei-Genossenschaft war bestimmt, daß gewisse Beschlüsse nur gültig sind, wenn sie „mit einer Mehrheit von drei Vierteln der Stimmen der Anwesenden gefaßt werden und die vorgeschriebene Stimmenmehrheit die Mehrheit der Menge der gezeichneten Milchlieferung in sich vereinigt“.

V. Das Zwangsverfahren des Registerrichters.

R. 1070. **Offizialpflicht des Gerichts zur Beschaffung des thatsächlichen Materials.**

1070. Ist im Verfahren auf zwangsweise Herbeiführung einer Eintragung in Folge erhobenen Einspruches festzustellen, ob das Gewerbe des zur Anmeldung Herangezogenen über den Umfang des Handwerksbetriebes hinausgeht, so ist das Gericht verpflichtet, sich alles zur Beurtheilung dieser Frage erforderliche Material von Amts Wegen selbst zu beschaffen[1]).

B. v. 14. Oktober 1889 (IX, 11) Ratibor.
E.G. z. H.G.B. Art. 5 § 8.

— **Zerstreute aufgenommene Grundsätze über Firmen und Gesellschaften:**

a) Unstatthaftigkeit des Hypothekenerwerbs für die Firma eines Einzelkaufmannes s. R. 1008.

b) Rechtsstellung der offenen Handelsgesellschaft im Grundbuchverkehr s. R. 994 u. 1149.

c) Rechtsstellung einer nicht eingetragenen Genossenschaft s. R. 976.

Vierter Abschnitt.

Familienrecht.

I. Eherecht.

R. 1071—1073. **Verträge der Frau zu Gunsten ihres Mannes.**

R. 1071. **Umfang der Fortgeltung der §§ 198 ff. II, 1 A.L.R.**

1071. a) Die §§ 198 ff. II, 1 A.L.R. über die Nothwendigkeit der gerichtlichen Form bei Verträgen, wodurch die Frau dem Manne zu dessen Gunsten verbindlich gemacht werden soll, bestehen noch insoweit fort, als sie Rechtsgeschäfte der Ehefrau mit ihrem Manne betreffen (vgl. R. 458).

b) Für solche Rechtsgeschäfte ist zur Anwendung des § 198 nicht erforderlich, daß sie den Charakter von Intercessionen haben;

[1]) s. den zu Grunde liegenden Fall bei R. 1047.

vielmehr besteht seit dem G. v. 1. Dezember 1869 der § 198 gerade nur noch insoweit, als er sich nicht auf Intercessionen der Ehefrau für den Ehemann bezieht.

B. v. 12. Januar 1891 (X, 123) Breslau.
A.L.R. II, 1 §§ 198 ff. G. v. 1. Dezember 1869 (G.S. S. 1169).

R. 1072. **Erklärung der Ehefrau zu Gunsten des Mannes und zugleich eines Dritten. Entpfändung.**

1072. a) Die §§ 198 ff. II, 1 A.L.R. beschränken die Handlungsfähigkeit der Ehefrauen in keiner Weise, wollen vielmehr denselben nur ihren Ehemännern gegenüber einen formellen, vorbeugenden Schutz gewähren. Dritten gegenüber sind Ehefrauen seit Erlaß des G. v. 1. Dezember 1869 in der Lage, sich ohne Einhaltung dieser Formen zu binden.

b) Hat der Ehemann ein ihm gehöriges Grundstück verkauft und im Kaufvertrag die Freiheit von Hypotheken versprochen und hat zu diesem Behufe die Ehefrau gleichzeitig das Grundstück wegen ihrer Illatenhypothek unter Löschungsbewilligung entpfändet, so liegen, wenn nach Inhalt des Kaufvertrages diese Erklärung nicht blos dem Ehemanne, sondern auch dem Käufer gegenüber abgegeben ist, die Voraussetzungen einer Intercession thatsächlich vor. Die bezügliche Löschungsbewilligung bedarf deshalb nicht der Form der §§ 198 ff. a. a. O.[1]).

B. v. 22. Dezember 1890 (X, 121) Friedeberg N./M., Landsberg a. W.
A.L.R. II, 1 §§ 198 ff. G. v. 1. Februar 1869 (G.S. S. 1169).

R. 1073. **Cession der Frau an ihren Mann**[2]).

1073. a) Die Cession ist eine bloße Erfüllungshandlung und in Folge dessen ein materiell unselbstständiges Geschäft, welches durch die Mängel des zu Grunde liegenden Rechtsgeschäftes mit berührt wird.

b) Ob die freiwillige Cession Seitens einer Ehefrau an ihren Mann der Form der §§ 198 ff. II, 1 A.L.R. bedarf, hängt danach von dem zu Grunde liegenden Rechtsgeschäft ab. Ist letzteres ein solches, für welches die erwähnte Form erforderlich, aber nicht beobachtet ist, so macht die Ungültigkeit des Rechtsgeschäfts auch die auf dasselbe gestützte Cession ungültig, sofern die letztere nicht selbst den §§ 198 ff. a. a. O. entspricht und so durch ihre Form den Formmangel des Rechtsgeschäfts deckt.

B. v. 12. Januar 1891 (X, 123) Breslau.
A.L.R. I, 11 §§ 376 ff., II, 1 §§ 198 ff.

---

[1]) Vgl. dazu R. 458. Bei letzterem handelt es sich um eine lediglich dem Ehemanne gegenüber abgegebene Erklärung.

[2]) Vgl. auch R. 1018.

R. 1074. **Verhaftung des Mannes für Haushaltungsschulden. Voraussetzungen.**

1074. Der § 321 II, 1 A.L.R., welcher den Ehemann verpflichtet, die zur Haushaltung von seiner Frau gemachten Schulden zu bezahlen, setzt voraus, daß die Frau dem Haushalt des Mannes thatsächlich vorsteht. Ist dies nicht der Fall, so kann der Ehemann nur auf Grund nützlicher Verwendung haftbar gemacht werden. Dritte Personen, welche der Frau kreditiren, müssen sich danach zuvor vergewissern, ob die Frau dem Haushalt des Mannes vorsteht.

B. v. 25. Februar 1889 (VIII, 57) Berlin I.
A.L.R. II, 1 § 321.

R. 1075—1077. **Die richterliche Hilfe gegen verschwenderische Haushaltung der Frau.**

R. 1075. **Geltung der betreffenden Vorschrift in der Mark.**

1075. Der § 323 II, 1 A.L.R. betreffend die richterliche Hilfe gegen verschwenderische Haushaltung der Ehefrau, enthält nur eine den modernen Verhältnissen angepaßte Modifikation des — mit dem gemeinen Recht übereinstimmenden — § 321 a. a. O. über die Verpflichtung des Mannes zur Bezahlung der von der Frau gemachten Haushaltungsschulden. Danach verordnet der § 323, wenngleich die dort vorgeschriebene richterliche Hilfe dem bisherigen Recht unbekannt war, noch nicht das gerade Gegentheil eines klaren und unstreitig recipirt gewesenen fremden Gesetzes. Derselbe ist deshalb in der Mark nicht suspendirt.

B. v. 25. Februar 1889 (VIII, 57) Berlin I.
A.L.R. II, 1 §§ 321, 323. Publ. Patent z. A.L.R. Nr. VII.

R. 1076. **Voraussetzungen des Antrages auf richterliche Bekanntmachung.**

1076. Der § 323 II, 1 A.L.R., welcher den Mann ermächtigt, zur Verhütung von Haushaltungsschulden seiner Frau geeignetenfalls richterliche Hilfe durch öffentliche Bekanntmachung nachzusuchen, hat nur die Bedeutung einer Einschränkung des § 321 und kann deshalb nur in dem gleichen Umfange, wie letzterer, zur Anwendung kommen (vgl. R. 1074). Danach findet der Antrag auf öffentliche Bekanntmachung nicht statt, wenn die Frau dem Haushalt des Mannes nicht vorsteht.

B. v. 25. Februar 1889 (VIII, 57) Berlin I.
A.L.R. II, 1 §§ 321, 323.

R. 1077. **Richterliche Kognition bei Anträgen auf Bekanntmachung.**

1077. Das Gericht, welches von dem Ehemann um Erlaß einer öffentlichen Bekanntmachung gegen verschwenderisches Schuldenmachen seiner Frau angegangen wird, hat zu prüfen, ob die Voraussetzungen für das Recht des Ehemannes zum Verlangen der richterlichen Hilfe gegeben sind, und hat im Verneinungsfalle den Antrag abzulehnen[1]).

B. v. 25. Februar 1889 (VIII, 57) Berlin I.
A.L.R. II, 1 § 323.

R. 1078. **Wesen der Gütergemeinschaft.**

1078. Die allgemeine Gütergemeinschaft ist nicht auf ein römisch-rechtliches Miteigenthum der Eheleute an den einzelnen Bestandtheilen des gemeinschaftlichen Vermögens zurückzuführen. Sie ist vielmehr ein auf deutscher Lebensanschauung beruhendes Institut, demzufolge das beiderseitige Vermögen zu einer wirthschaftlichen Einheit verschmolzen wird, welche rechtlich die Gestalt eines unter der Vogtschaft des Mannes stehenden Gesammteigenthums annimmt. Dieses Sammtgut vertritt der Mann und verfügt darüber aus eigenem Recht. Wo seine Verfügungen an eine Zustimmung der Frau gebunden sind (wie bei der Veräußerung und Verpfändung von Grundstücken), da ist der Frau nicht die Stellung einer Mithandelnden eingeräumt; vielmehr ist ihre Mitwirkung als ein bloßes Genehmigungsrecht aufzufassen[2]) (vgl. R. 1003).

B. v. 26. März 1888 (VIII, 83) Inowraclaw, Bromberg.
A.L.R. II, 1 §§ 377 ff.

R. 1079. **Bekanntmachung der Gütergemeinschafts-Ausschließung bei Kaufleuten. Oertliche Zuständigkeit.**

1079. Die durch § 423 II, 1 A.L.R. vorgeschriebene besondere Bekanntmachung der Ausschließung der Gütergemeinschaft bei Kaufleuten muß nach dem Zweck derselben stets an dem Orte geschehen, wo der Ehemann als Kaufmann sich niederläßt. Dies gilt auch für den Fall des § 417 a. a. O. Die „Bekanntmachung am Orte des vorigen Wohnsitzes" (§ 425 a. a. O.) bezieht sich nur auf die Bekanntmachung des § 422, nicht auf die des § 423[3]).

---

[1]) Vgl. R. 463 zu b. — Unter Aufstellung obigen Grundsatzes ist der Antrag eines Ehemannes, den seine Frau verlassen hatte, abgelehnt worden (vgl. R. 1076; s. aber auch R. 1129).

[2]) Vgl. aber für die westfälische Gütergemeinschaft § 3 Abs. 3 des G. v. 16. April 1860 („Verträge u. s. w. können nur von beiden Eheleuten gemeinschaftlich geschlossen werden") und dazu R.G.U. (III. Hilfssenat) v. 24. März 1880 (Entsch. Bd. 1 S. 393).

[3]) Die citirten Gesetzesvorschriften lauten:

A.L.R. II 1.

§. 417. Geschieht die Verlegung des Wohnsitzes, in stehender Ehe, von einem Orte, wo Gemeinschaft der Güter oder des Erwerbes obwaltet, an einen andern, wo sie nicht Statt findet: so kann die unter den Eheleuten entstandene Gemeinschaft durch einen Vertrag wieder aufgehoben werden.

Gegenwärtig ist an die Stelle des § 423 de rArt. 20 des E.G. z. H.G.B. getreten. Die dort angeordnete Eintragung der Gemeinschaftsausschließung in das Handelsregister nebst der Veröffentlichung derselben muß deshalb im Falle des § 417 II, 1 A.L.R. an dem neuen, nicht an dem früheren Wohnort geschehen.

B. v. 24. März 1890 (X, 20) Magdeburg.
A.L.R. II, 1 §§ 417, 423, 425. E.G. z. H.G.B. Art. 20.

R. 1080. **Fortgesetzte Gütergemeinschaft nach Jütischem Lov. Rechte der Kinder.**

1080. Nach den Grundsätzen des Jütischen Lovs fallen nach dem Tode des Vaters den Kindern gemäß dem quotitativen Umfange ihres Erbrechts Antheilsrechte an der gütergemeinschaftlichen Masse derart zu, daß diese Antheile von nun an ideell bestimmt sind, auch von den Kindern weiter vererbt werden und daß bei der demnächstigen reellen Theilung nur der Betrag zu ermitteln ist, welcher für jede Quote anzuweisen ist (vgl. R. 1183).

B. v. 22. Dezember 1890 (X, 135) Apenrade, Flensburg.
Jütisches Lov.

— **Fortgesetzte Gütergemeinschaft nach Hechinger Recht** s. R. 1004.

— **Aussetzung der Gütergemeinschaft bei Verheirathung eines Mündels** s. R. 1106.

— **Zwangsvollstreckung in Hypotheken der Ehefrau** s. R. 1043.

---

§. 422. In allen Fällen, da die Gemeinschaft der Güter oder des Erwerbes ausgeschlossen, oder aufgehoben werden soll, muß dieses gerichtlich verlautbaret, und in den Zeitungen oder Intelligenzblättern der Provinz zu dreienmalen innerhalb Vier Wochen bekannt gemacht werden.

§. 423. Bey Kaufleuten in Handelsstädten muß außerdem die Bekanntmachung auf der Börse, oder durch die Kaufmannsältesten; und bey Zunftgenossen durch die Vorsteher der Zunft geschehen.

§. 424. Auch muß die geschehene Ausschließung oder Aufhebung der Gemeinschaft bey allen Grundstücken, welche sonst der Gemeinschaft unterworfen seyn würden, im Hypothekenbuche vermerkt werden.

§ 425 In dem Falle des §. 417. muß die Bekanntmachung an dem Orte des vorigen Wohnsitzes geschehen.

E.G. z. H.G.B. Art. 20:

An die Stelle der Vorschrift im § 423 Theil II Titel 1 des Allgemeinen Landrechts . . . . . . tritt die Bestimmung:

„Bei denjenigen Personen, welche nach Artikel 4 des Handelgesetzbuchs als Kaufleute anzusehen sind, jedoch mit Ausschluß der im Artikel 10 des Handelsgesetzbuchs bezeichneten, muß außerdem die Ausschließung oder Aufhebung der Gemeinschaft der Güter oder des Erwerbs in das Handelsregister eingetragen und nach Maßgabe des Artikels 13 des Handelsgesetzbuchs veröffentlicht werden."

II. Rechte der Eltern und Kinder.

1. Erziehung und Unterhalt.

R. 1081. **Erziehung der Kinder aus geschiedenen Ehen, wenn beide Theile für schuldig erklärt sind.**

1081. Der § 95 II, 2 A.L.R.:

„Ist keiner der Eltern für den schuldigen Theil erklärt, so werden die Kinder bis nach vollendetem vierten Jahre bei der Mutter, sodann aber bei dem Vater erzogen"

findet keine Anwendung auf den Fall, daß beide Theile für schuldig erklärt worden sind. Es ist insbesondere, wenn einer der Ehegatten für den überwiegend schuldigen Theil erachtet worden ist, nicht statthaft, diesen allein als den schuldigen und den andern Ehegatten als den unschuldigen Theil zu behandeln. Für diesen, im Gesetze nicht besonders geregelten, Fall muß vielmehr die Entscheidung im Anschluß an diejenigen allgemeinen Grundsätze getroffen werden, welche den Bestimmungen über die Kindererziehung überhaupt und den besonderen Vorschriften für die Erziehung der Kinder aus geschiedenen Ehen zu Grunde liegen. Danach kommen in Betracht: zunächst der § 74 II, 2 A.L.R., welcher dem Vater ein vorzügliches Anrecht auf die Erziehung giebt und sodann der Umstand, daß den Bestimmungen betreffs Kinder aus geschiedenen Ehen das Prinzip zu Grunde liegt, daß bei der Entscheidung, welchem Ehegatten die Erziehung zu übertragen, vornehmlich das Wohl der Kinder zu berücksichtigen ist[1]).

B. v. 8. Dezember 1890 (X, 83) Potsdam.
A.L.R. II, 2 §§ 74, 92 ff.

R. 1082. **Zutritt des von der Erziehung ausgeschlossenen Parens.**

1082. a) Die Bestimmung des § 101 II, 2 A.L.R., wonach bei geschiedenen Ehen dem von der Kindererziehung ausgeschlossenen Elterntheil der Zutritt zu den Kindern nicht gänzlich versagt werden soll, ist nur so zu verstehen, daß der Parens die Kinder, nicht daß die Kinder den Parens zu besuchen haben[2]).

b) Eine gerichtliche Anordnung über Regelung des Verkehrs zwischen den Kindern und dem von der Erziehung ausgeschlossenen

---

[1]) Im gegebenen Falle wurden die Kinder als beim Vater besser aufgehoben angesehen, so daß das Prinzip der Berücksichtigung des Wohles der Kinder mit dem Grundsatz des § 74 cit. zusammenfiel. Eine Erörterung für den Fall der Kollision beider Grundsätze ist deshalb nicht vorgenommen worden.

[2]) Die entgegengesetzte Annahme im R. 469 ist ausdrücklich aufgegeben.

Parens muß derartig gehalten sein, daß sie ausführbar und erzwingbar ist [1]).

B. v. 13. April 1888 (VIII, 45) Hötensleben, Magdeburg.
A.L.R. II, 1 §§ 101, 102.

R. 1083. **Zuständigkeit des Vormundschaftsrichters zur Vollstreckung von Beschlüssen wegen Herausgabe eines Kindes.**

1083. Erläßt der Vormundschaftsrichter auf Grund der §§ 72, 73, 92 ff. II, 1 A.L.R. einen Beschluß, durch welchen er die Herausgabe eines Kindes Seitens eines Elterntheils an den anderen anordnet, so ist er nach der jetzt bestehenden Gerichtsverfassung und den jetzt maßgebenden Grundsätzen der C.P.O zur Zwangsvollstreckung betreffs seiner Anordnung nicht mehr berufen. Die einschlägigen Zwangsmaßnahmen sind vielmehr gegenwärtig allein den Prozeßgerichten im Verfahren nach der C.P.O. zugewiesen [2]) (vgl. R. 468, 475).

B. v. 13. April 1888 (VIII, 47) Charlottenburg, Berlin II.
A.L.R. II, 1 §§ 72, 73, 92 ff. C.P.O. §§ 774, 775.

— **Religiöse Erziehung der Kinder** s. R. 1093—1098.

2. Vermögensrechte der Kinder. Väterliche Gewalt.

R. 1084. **Recht des Vaters einer verheiratheten minderjährigen Tochter betreffs der zur besonderen Sicherheit verschriebenen Kapitalien.**

1084. Der § 229 II, 2 A.L.R., welcher dem Vater einer minderjährigen, aber verheiratheten Tochter die Rechte eines Vormundes überträgt, hat nicht eine Ausdehnung der dem Vater zugestandenen Rechte beabsichtigt. Zur Abtretung eines der Tochter zur besonderen Sicherheit verschriebenen Kapitals [3]) bedarf deshalb der Vater auch nach der Verheirathung der Tochter der Genehmigung des Vormundschaftsgerichts [4]).

---

[1]) Eine Anordnung, welche die Zusammenkunft im Orte X oder einem „benachbarten" Orte und bei einer „achtbaren" Familie vorschrieb, ist deshalb wegen Unbestimmtheit der gedachten Begriffe aufgehoben worden.

[2]) In welcher Weise hier die Zwangsvollstreckung zu erwirken, insbesondere ob der Beschluß des Vormundschaftsgerichts als vollstreckbarer Titel anzusehen, oder aber ob auf Grund desselben Klage zu erheben ist, läßt die Entscheidung dahingestellt. Vgl. darüber, daß der letztere Weg jedenfalls zulässig ist, das — anscheinend aus Anlaß desselben Falles ergangene — R.G.U. (IV. Civilsenat) v. 14. März 1889 (Entsch. Bd. 23 S. 385, J.M.Bl. 1889 S. 195) und darüber, daß der erstere Weg unzulässig erscheint, die Abhandlung des Herausgebers bei Rassow-Küntzel Bd. 30 S. 299 ff.

[3]) Vgl. über den Begriff R. 479—484.

[4]) Dieser Satz kann nicht für richtig erachtet werden. Die einschlägigen Vorschriften lauten:

Ergiebt sich hierbei eine Interessenkollision zwischen Vater und Tochter, so muß an Stelle des Vaters ein Pfleger mitwirken.

B. v. 9. Juni 1890 (X, 68) Skaisgirren, Tilsit.
A.L.R. II, 2 §§ 169, 170, 228, 229. V.O. § 86.

A.L.R. II, 2.

„§. 228. Wenn eine Tochter, unter ertheilter oder von dem Richter ergänzter Einwilligung des Vaters, heirathet; so hört die väterliche Gewalt über sie auf.

„§. 229. Ist sie aber noch minderjährig: so bleiben dem Vater, bis zur erlangten Volljährigkeit, alle Rechte und Pflichten eines, einer verheiratheten Pflegebefohlnen, bestellten Vormundes. (Tit. 18. Abschn. 8.)"

Von diesen Bestimmungen ist indessen der § 229 als eine Vorschrift über das Vormundschaftswesen durch § 102 V.O. beseitigt. Im preußischen Recht stritt man zwar über die Natur der im § 229 dem Vater beigelegten Rechte und es wurde zum Theil die Meinung vertreten, daß es sich hier nicht um vormundschaftliche, sondern um anomale, bloß auf dem Gesetze beruhende Befugnisse handle.

„Vgl. Arndts und Leonhard, Das Preußische Vormundschaftsrecht, Berlin 1862, S. 100 Anm. 309. Dernburg-Schultzenstein, Das Vormundschaftsrecht der preußischen Monarchie, 3. Aufl. 1886, § 50 S. 201.

Allein wie die V.O. zu dieser Frage steht, kann nicht zweifelhaft sein. Der § 12 der V.O. bestimmt nämlich:

„Erlischt die väterliche Gewalt durch Verheirathung, . . . des Kindes, ohne daß dasselbe die Rechte eines Großjährigen erlangt, so wird der bisherige Gewalthaber gesetzlicher Vormund."

Es ist nicht abzusehen, wie neben dieser Vorschrift der § 229 II, 2 A.L.R. überhaupt noch eine Bedeutung haben kann. Der Vater einer sich verheirathenden minderjährigen Tochter erwirbt deshalb jetzt die gesetzliche Vormundschaft über seine Tochter nicht auf Grund des § 229 cit., sondern auf Grund des § 12 der V.O. Seine Rechte sind demnach lediglich nach der V.O. zu beurtheilen. Da nun letztere eine Genehmigung des Vormundschaftsgerichts als Erforderniß für die Abtretung von Mündelforderungen nicht kennt (V.O. § 42), so bedarf der Vater solcher Genehmigung in keinem Falle. Daß er dadurch unter Umständen einmal zu einer Handlung selbstständig befugt ist, zu der er vor der Verheirathung der Genehmigung des Vormundschaftsgerichts bedurft hätte, ist eine Folge der in der V.O. für das ganze Staatsgebiet erfolgten einheitlichen Regelung des Vormundschaftsrechts, welche nicht mit jedem Partikularrecht bis ins Aeußerste harmoniren kann. Im Allgemeinen wird die Stellung des Vaters gerade bei Anwendung des § 12 der V.O. eine viel beschränktere, als sie vor der Verheirathung war; vgl. V.O. § 42 Nr. 1—4, 6, 8 ff.

Der zweite Theil des obigen Grundsatzes über die Erforderlichkeit einer Pflegschaft ist durchaus richtig; wenn aber im Johow-Küntzel'schen Jahrbuch der der Ehescheidung vorangeschickte Rechtsgrundsatz ganz allgemein dahin formulirt ist:

„Die Verfügung (des Vaters) ist ohne vorherige Bestellung eines Pflegers nicht ausführbar",

so ist der Satz in dieser Allgemeinheit vom K.G. nicht ausgesprochen, vielmehr ist nur die „offenbar vorhandene Interessenkollision" des konkreten Falles für die Nothwendigkeit einer Pflegschaft herangezogen werden. Allgemein ist die Nothwendigkeit einer Pflegschaft für die Abtretung durchaus nicht anzuerkennen.

R. 1085. **Streit zwischen Vater und Sohn über Entlassung aus der väterlichen Gewalt. Zuständigkeit zur Entscheidung.**

1085. Entsteht über die Frage, ob ein großjähriger Sohn aus der väterlichen Gewalt zu entlassen ist, ein Streit zwischen Vater und Sohn, so ist der Vormundschaftsrichter zu dessen Entscheidung nicht berufen. Denn es handelt sich dabei nicht lediglich um den Einfluß der väterlichen Gewalt auf die persönlichen Verhältnisse des Sohnes, sondern es stehen zugleich in Rücksicht auf den väterlichen Nießbrauch Vermögensinteressen des Vaters in Frage. Der Streit ist deshalb im Prozeßweg zum Austrag zu bringen.

B. 4. Januar 1889 (VIII, 52) Elbing.
A.L.R. II, §§ 210—213.

R. 1086. **Verlust der väterlichen Gewalt in Folge von Zuchthausstrafe. Voraussetzungen.**

1086. Die väterliche Gewalt hört nach A.L.R. auf, wenn der Vater „wegen grober Verbrechen zu harter und schmählicher Zuchthausstrafe" verurtheilt wird. Bei der Prüfung der Frage, ob eine solche Verurtheilung vorliegt[1]), hat der Vormundschaftsrichter nicht nach eigenem freien Ermessen zu entscheiden, vielmehr hat er nur in strengem Anschluß an die Ermittelungen und Feststellungen des Strafrichters und an die Beurtheilung des Falles durch diesen darüber zu befinden, ob der Strafrichter die That als ein grobes Verbrechen angesehen hat und ob er im Verhältniß zum Strafsystem des jetzigen St.G.B. auf eine harte und schmähliche Strafe hat erkennen wollen und erkannt hat[2]).

B. v. 17. Juni 1889 (IX, 48) Genthin, Magdeburg.
A.L.R II, 2 § 255.

3. Adoption.

R. 1087. **Rückwirkung der Bestätigung eines Adoptionsvertrages. Tod des Adoptirenden vor Perfektion des Vertrages.**

1087. a) Die gerichtliche Bestätigung eines Adoptionsvertrages wirkt auf den Augenblick des Vertragsschlusses zurück. In gleicher

Dieselbe hängt übrigens gar nicht mit der Frage zusammen, ob es sich um ein zur besonderen Sicherheit verschriebenes Kapital handelt, sondern ist für alle Aktiva des Kindes gleichmäßig danach zu beantworten, ob eine Interessenkollision, welche den Vater an der Ausübung seiner Rechte behindert, vorliegt (V.O. § 86).

[1]) Vgl. R. 487 zu b.

[2]) Vgl. über den Stand der betreffenden Kontroverse die Bemerkungen des Einsenders der Entscheidung bei Johow-Küntzel Bd. IX S. 54 ff., wo zutreffend darauf hingewiesen wird, daß die Ansicht des obigen Beschlusses in den Fällen undurchführbar ist, in denen der Strafrichter eine Meinung darüber, ob die That ein „grobes Verbrechen" und die Strafe eine „harte und schmähliche" ist, nicht zum Ausdruck gebracht hat.

Weise hat die Genehmigung des Vormundschaftsgerichts rückwirkende Kraft. Ist deshalb unter den Kontrahenten ein schriftlicher Adoptionsvertrag gehörig geschlossen, so kann, wenn danach der Annehmende stirbt, dieses Todes ungeachtet sowohl die obervormundschaftliche Genehmigung als die gerichtliche Bestätigung wirksam ertheilt werden.

b) Hat dagegen nur der Adoptirende eine Erklärung über die Adoption errichtet, und ist er demnächst vor Mittheilung dieser Erklärung an den zu Adoptirenden gestorben, so ist kein Adoptionsvertrag zu Stande gekommen[1]). Nach dem Tode des Adoptirenden kann der zu Adoptirende oder dessen Vertreter die Erklärung nicht mehr wirksam acceptiren. Auf Grund einer trotzdem geschehenen Acceptation kann deshalb die Bestätigung des Adoptionsvertrages nicht ausgesprochen werden.

B v. 3. März 1890 (IX, 61) Berlin I.

A.L.R. II, 2 §§ 666, 667. V.O. § 42. A.L.R. I, 5 §§ 79, 90 ff.

Fünfter Abschnitt.

Vormundschaftsrecht.

I. Vormundschaftsgericht.

R. 1088. **Beschwerde wegen Nichtberücksichtigung von Angehörigen bei Auswahl des Vormundes und wegen Nichtanhörung des Waisenrathes.**

1088. Nach § 19 der V.O. soll das Gericht, wenn kein zur Vormundschaft Berufener vorhanden ist, vor Bestellung des Vormundes den Waisenrath anhören und bei der Auswahl geeignete Verwandte oder Verschwägerte des Mündels zunächst berücksichtigen. An die Nichtbeachtung dieser Vorschriften sind indessen besondere Folgen nicht geknüpft. Eine Beschwerde wegen solcher Nichtbeachtung ist deshalb zwar nicht gänzlich ausgeschlossen, kann jedoch nur so lange von Erfolg sein, als die Bestellung eines anderen Vormundes noch nicht bewirkt ist. Ist letzteres dagegen geschehen,

---

[1]) Vgl. R. 975. Ob übrigens im Falle der Mittheilung an den Oblatar eine Acceptation nach dem Tode des Offerenten auf Grund des § 106 I 5 A.L.R. möglich war, oder ob der § 106 a. a O. nicht vielmehr auf Statusverhältnisse unanwendbar ist, läßt der Beschluß dahingestellt.

so kann der bestellte Vormund nur, wenn die Voraussetzungen der §§ 62 ff. der V.O. vorhanden sind, von seinem Amte entfernt werden.

B. v. 7. Mai 1888 (VIII, 31) Altona.
V.O. §§ 10, 19, 62 ff.

R. 1089. **Zulässigkeit der Beschwerde wegen verweigerter Genehmigung zu Rechtsgeschäften des Vormundes.**

1089. Zu den „Anordnungen des Vormundschaftsgerichts", gegen welche gesetzlich die Beschwerde zugelassen ist, gehören auch die Entscheidungen desselben über Genehmigung eines vom Vormund abgeschlossenen Rechtsgeschäftes. Die Beschwerde findet deshalb auch gegen die Versagung einer solchen Genehmigung statt (vgl. R. 1103).

B. v. 26. November 1888 (VIII, 3 u. 36) Wernigerode, Halberstadt.
V.O. § 10.

R. 1090. **Beschwerde des dritten Kontrahenten in solchem Falle.**

1090. Aus dem Grundsatze, daß außer dem Vormund auch dritte Personen im Interesse des Mündels gegen Anordnungen des Vormundschaftsgerichtes Beschwerde führen können (vgl. R. 509—512) folgt, daß auch ein Dritter, welcher mit dem Vormund kontrahirt hat, wegen Versagung der Genehmigung dieses Geschäftes durch das Vormundschaftsgericht dann Beschwerde führen kann, wenn er diese Beschwerde im Interesse des Mündels erhebt, weil diesem die Versagung der Genehmigung nachtheilig sei und die Ertheilung der Genehmigung vortheilhafter sein würde[1]).

B. v. 26. November 1888 (VIII, 3 u. 36) Wernigerode, Halberstadt.
V.O. § 10.

R. 1091. **Stellung des Beschwerdegerichts in Vormundschaftssachen.**

1091. Das Landgericht, welches mit einer Beschwerde gegen eine Anordnung des Vormundschaftsgerichts angegangen ist, tritt an die Stelle des Vormundschaftsgerichts und wird mit der gleichen umfassenden Kognition der Sache, wie dieses befaßt. Handelt es sich um die Ertheilung der Genehmigung zu einem vom Vormunde abgeschlossenen Rechtsgeschäft, gegen welche das Amtsgericht Bedenken erhoben hat, so hat demgemäß das Landgericht das Rechtsgeschäft und dessen Zweckmäßigkeit für den Mündel vollständig zu prüfen und danach eine bestimmte Entscheidung über die Genehmigung oder Nichtgenehmigung zu fassen. Es darf sich nicht darauf beschränken,

[1]) Dabei ist indessen anerkannt worden, daß, wenn in Folge der versagten Genehmigung der Vormund selbst von dem beabsichtigten Geschäfte zurücktritt, die Genehmigung sich erledigt.

das Bedenken des Amtsgerichts zu verwerfen und das letztere zur Genehmigung des Rechtsgeschäfts für den Fall, daß andere Bedenken nicht vorliegen, anzuweisen.

B. v. 12. November 1888 (VIII, 5 u. 33) Glogau.
V.O. § 10.

II. Einleitung der Vormundschaft.

R. 1092. **Benennung eines Vormundes in vorbehaltenem Kodizill.**

1092. Die Bestimmungen der §§ 17 ² u. 47 der V.O. über die Befugniß des Vaters, Vormünder zu ernennen und von gerichtlicher Aufsicht zu befreien, haben, indem sie die väterliche Anordnung „in einem Testament" fordern, in Ansehung der Form nur auf das bestehende Recht der verschiedenen Landestheile verweisen wollen. Da nun im Gebiete des A.L.R. die im Testament vorbehaltenen Kodizille, wenn sie die eigenhändige Unterschrift des Testators tragen und etwaigen weiteren im Testament enthaltenen Formbestimmungen genügen, mit dem Testament gleiche Kraft haben, so kann auch die Ernennung und Befreiung eines Vormundes in einem derartigen vorbehaltenen Kodizill wirksam erfolgen.

B. v. 2. Juni 1890 (X, 61) Königsberg i. Pr.
V.O. §§ 17², 47. Anh. § 33 z. A.L.R. I, 12 § 163.

— **Verurtheilung des Vaters zu Zuchthausstrafe als Grund für die Einleitung einer Vormundschaft** s. R. 1086.

III. Führung der Vormundschaft.

1. Die religiöse Erziehung der Mündel[1]).

R. 1093—1095. **Allgemeine Grundsätze für Kinder aus gemischten Ehen.**

1093. Kinder aus gemischten Ehen sind grundsätzlich in der Religion des Vaters zu erziehen. Von diesem Grundsatze giebt es

[1]) Zur Kritik der Rechtsprechung des Kammergerichts über diese Materie sind zu vergleichen: Hübler, Die religiöse Erziehung der Kinder aus gemischten Ehen im Gebiete des preußischen Landrechts. Berlin 1888. Hinrichs, Ueber richterliche Kognitionen in Vormundschaftssachen namentlich betreffs der religiösen

nur zwei Ausnahmen: einmal die Willenseinigung der Eltern, welche jedoch nur solange wirksam ist, als beide Eltern am Leben sind[1]) und sodann der Umstand, daß der verstorbene Vater ein Kind während des ganzen letzten Jahres vor seinem Tode in der von dem seinigen abweichenden Glaubensbekenntnisse des anderen Ehegatten hat unterrichten lassen[2]).

Andere Ausnahmen zuzulassen, ist dem Richter auch in den Fällen nicht gestattet, in welchen die Befolgung der vorstehenden Grundsätze zur Erziehung der einzelnen Kinder in verschiedenen Religionen[3]) und damit zu einem Zustande führen würde, dessen Vermeidung bei Erlaß der Deklaration vom 21. November 1803 gerade bezweckt wurde[4]).

B. v. 14. Juni 1889 (IX, 44) Frankenstein, Glatz.
A.L.R. II, 2 §§ 76, 82. Deklaration v. 21. November 1803 (N.C.S. Bd. 11 S. 1931).

1094. Der Grundsatz der Deklaration vom 21. November 1803, wonach Kinder aus gemischter Ehe in der Religion des Vaters zu erziehen sind, erleidet weder durch die vom Vater bewirkte Taufe des Kindes in einer anderen Religion, noch durch eine Zusicherung des Vaters Dritten gegenüber[5]) eine Ausnahme. Vielmehr gelten als Ausnahmen nur die beiden Fälle der §§ 78 u. 82 II, 2 A.L.R. (vgl. R. 538 u. 1093).

B. v. 6. Oktober 1890 (X, 77) Sorau, Guben.
Dekl. v. 21. November 1803 (N.C.S. Bd. 11 S. 1931). A.L.R. II 2 §§ 78, 82.

1095. Daß die Mutter — bei Kindern aus geschiedenen Ehen — das Erziehungsrecht besitzt, sei es als unschuldiger Theil gemäß A.L.R. II, 2 § 92, sei es, weil der Vater die väterliche Gewalt verloren hat auf Grund des § 28 V.O., giebt ihr nicht die Befugniß, die Religion der Kinder frei zu bestimmen. Vielmehr ist

---

Erziehung der Kinder, im Archiv für die civilistische Praxis Bd. 75 S. 100 ff. Tophoff, Ueber die religiöse Erziehung der Kinder aus durch den Tod gelösten Mischehen bei Rassow-Küntzel Bd. 35 S. 377 ff.

[1]) Vgl. R. 538.

[2]) Vgl. R. 539.

[3]) Insbesodere auch, weil ein Theil der Kinder beim Tode des Vaters noch nicht das Alter der Unterrichtsfähigkeit erreicht hatte und deshalb eine wirksame Bestimmung des Vaters ihrethalben nicht getroffen werden konnte.

[4]) Ebenso war entschieden im B. v. 21. Mai 1883 (R. 540); widersprechend dagegen im B. v. 2. Januar 1888 (R. 541). Der jetzige Beschluß enthält eine Rückkehr zur früheren Judikatur und ist nach einer Bemerkung bei Johow-Küntzel Bd. IX S. 48 seitdem konstant aufrecht erhalten worden.

[5]) In casu: dem trauenden Pfarrer.

sie hierin durch die §§ 76—82 II, 2 A.L.R. und die Deklaration v. 21. November 1803 beschränkt.

B. v. 6. Oktober 1890 (X, 77) Sorau, Guben.
A.L.R. II, 2 §§ 76—82, 92. Dekl. v. 21. November 1803 (N.C.S. Bd. 11 S. 1931) V.O. § 28.

R. 1096. **Kinder aus geschiedenen Ehen. Einigung der Eltern nach erfolgter Scheidung. — Wesen und Form der elterlichen Einigung. — Abwesenheit eines Ehegatten.**

1096. a) Die Ausnahme, welche § 78 II, 2 A.L.L. von den allgemeinen Grundsätzen über die religiöse Erziehung der Kinder dahin aufstellt, daß so lange die Eltern über den zu ertheilenden Religionsunterricht einig sind, kein Dritter ein Recht zum Widerspruch hat, bleibt außer Betracht, wenn der Vater gestorben ist, bevor das Kind das Alter des Religionsunterrichtes erreicht hat (vgl. R. 538 u. 1093).

b) Dem Tode steht aber die Ehescheidung nicht gleich. Die im § 78 zugelassene Einigung der Eltern ist vielmehr auch nach Scheidung der Ehe statthaft.

c) Dieselbe wird in diesem Falle auch dadurch nicht ausgeschlossen, daß die Scheidung oder der Scheidungsgrund den Verlust der väterlichen Gewalt oder des Erziehungsrechts zur Folge gehabt hat.

d) Auch die Abwesenheit eines Ehegatten an unbekanntem Orte schließt die Anwendbarkeit des § 78 nicht aus.

e) Die Einigung der Eltern muß nicht nur beim Eintritt des Kindes in das schulpflichtige Alter, sondern fortdauernd vorhanden sein. Sobald sie nicht mehr besteht, treten wieder die gesetzlichen Regeln über die religiöse Erziehung ein.

f) Die Einigung der Eltern ist nicht ein Vertrag und bedarf überhaupt nicht ausdrücklicher Erklärungen, sondern kann sich auch ohne solche durch konkludente Handlungen vollziehen. Mit Rücksicht auf die Offizialpflicht des Vormundschaftsgerichts, für die gesetzliche Art der religiösen Erziehung zu sorgen, besteht hinsichtlich einer in Frage kommenden Einigung der Eltern auch keine eigentliche Beweislast. Vielmehr ist unter Berücksichtigung der gesammten Sachlage zu beurtheilen, ob die Einigung vorhanden ist oder nicht[1]).

B. v. 6. Oktober 1890 (X, 77) Sorau, Guben.
A.L.R. II, 2 § 78.

---

[1]) Der zu Grunde liegende Fall war folgender: Der evangelische Ehemann hatte ein Kind gemäß dem Bekenntnisse der Mutter katholisch taufen lassen. Als das Kind etwa zwei Jahr alt war, ist die Ehe wegen Verurtheilung des Mannes zu Zuchthausstrafe getrennt worden. Als demnächst das Kind schul-

R. 1097. Religiöse Erziehung unehelicher Kinder.

1097. Für die Frage, in welcher Religion ein uneheliches Kind zu erziehen sei, ist lediglich das Religionsbekenntniß der Mutter entscheidend. Andere Verhältnisse — wie namentlich daß das Kind bisher in einer anderen Religion erzogen worden ist — kommen hierbei nicht in Betracht[1]).

B. v. 26. November 1888 (VIII, 50) Herford, Bielefeld.
A.L.R. II, 2 § 642.

1098. Besonderer Fall eines Konfessionswechsels der unehelichen Mutter.

1098. a) Der § 642 II, 2 A.L.R., welcher vorschreibt, uneheliche Kinder „in dem Glaubensbekenntnisse der Mutter" zu erziehen, hat hierbei keine Einschränkung dahin gemacht, daß es sich um das Glaubensbekenntniß zur Zeit der Geburt oder um das zur Zeit der Aufnahme in die religiöse Gemeinschaft handle. Die Vorschrift ist vielmehr so zu verstehen, daß Betreffs der religiösen Erziehung bei einem unehelichen Kinde das Glaubensbekenntniß der Mutter ebenso maßgebend ist, wie das Glaubensbekenntniß des Vaters hinsichtlich eines ehelichen Kindes. Wechselt daher die Mutter ihr Glaubensbekenntniß, so folgt auch das Kind diesem Wechsel[2]).

b) An diesem Grundsatze ändert sich auch nichts, wenn das Vormundschaftsgericht der Mutter die Erziehung entzieht.

B. v. 17. März 1890 (X, 71) Erfurt.
A.L.R. II, 2 §§ 642, 81. V.O. § 28.

---

pflichtig wurde, lebte der Ehemann in unbekannter Abwesenheit. Die Mutter verlangte die Erziehung des Kindes in der katholischen Religion. Diesem Begehren ist gegen die Vorinstanzen stattgegeben worden unter der — vom Kammergericht selbst getroffenen — Feststellung, daß die Eltern noch jetzt über die Erziehung des Kindes in der katholischen Religion einig seien. Der Wille des Vaters ist für die frühere Zeit aus der katholischen Taufe und aus gewissen, von Zeugen bekundeten Aeußerungen und die Fortdauer dieses Willens daraus geschlossen worden, daß der Vater die Erziehung der katholischen Mutter frei überlassen hat und daß übrigens eine Aenderung des Willens nicht zu vermuthen sei.

[1]) Unter Aufstellung dieses Grundsatzes ist eine Anordnung, daß das 13½ jährige Mündel, welches bisher katholischen Religionsunterricht erhalten hat, fortan in der evangelischen Religion zu erziehen sei, gebilligt worden. Die Ausführung in der Beschwerde, daß des Mündels „religiöse Ueberzeugung verwirrt und gefährdet werde, wenn sie genöthigt würde, in dem letzten Halbjahr des Schulunterrichtes dem evangelischen Religionsunterricht beizuwohnen", hat keinen Erfolg gehabt.

[2]) Die entgegengesetzte Auffassung im R. 544 ist ausdrücklich aufgegeben.

2. Inventarisation und Vermögensverwaltung.

R. 1099. **Zweck des Vermögensverzeichnisses. Verfahren, wenn die Verwaltung einem Dritten zusteht.**

Die Vorschrift des § 35 der V.O. über die Einreichung eines Verzeichnisses des Mündelvermögens Seitens des Vormundes ist nicht zu dem Zwecke getroffen, damit das Vormundschaftsgericht sich Kenntniß von den Vermögensverhältnissen des Mündels verschaffe. Vielmehr ist der Zweck des Verzeichnisses der, die Grundlage der vormundschaftlichen Verwaltung und der späteren Rechnungslegung zu bilden. Demgemäß besteht die Pflicht des § 35 nur Betreffs des durch den Vormund verwalteten Vermögens. Wird die Verwaltung durch einen Dritten geführt, dem sie rechtlich zusteht, so erstreckt sich auf das solcher Verwaltung unterliegende Vermögen die Pflicht des § 35 der V.O. nicht, vielmehr hat der Vormund nur diese Verwaltung zu kontroliren.

B. v. 22. Dezember 1890 (X, 63) Schrimm, Posen.
V.O. § 35.

R. 1100. **Verfahren, wenn der Vormund selbst die Verwaltung aus eigenem Rechte führt.**

1100. Ist im Falle des R. 1099 der Vormund selbst zugleich derjenige Dritte, welchem die Verwaltung aus eigenem Recht zusteht[1]), so kann das Vormundschaftsgericht, selbst wenn es dafür hält, daß der Vormund nach den Grundsätzen des materiellen Rechts verpflichtet ist, dem Mündel ein Inventar über das verwaltete Vermögen zu errichten, diese Pflicht gegen ihn nicht auf Grund des § 35 der V.O. und mit den nach der V.O. zulässigen Ordnungsstrafen verfolgen. Denn in seiner Eigenschaft als Verwalter aus eigenem Recht ist der Vormund der Aufsicht des Vormundschaftsgerichts nicht unterstellt. Die Pflicht zur Inventarserrichtung kann in diesem Falle gegen den Vormund nur durch einen wegen Interessenkollision eventuell zu bestellenden Pfleger und nöthigenfalls im Prozeßwege geltend gemacht werden[2]).

B. v. 22. Dezember 1890 (X, 63) Schrimm, Posen.
V.O. §§ 35, 51.

---

[1]) Die Mutter des Mündels war Vormund und hatte zugleich Kraft testamentarischer Anordnung die Nutznießung und Verwaltung des Mündelvermögens.

[2]) Vgl. hierzu R. 550 mit Anm. 1.

3. Die Mitwirkung des Gegenvormundes und des Vormundschaftsgerichts.

R. 1101. **Erforderlichkeit der Bestellung eines Gegenvormundes.**

1101. Ist die Bestellung eines Gegenvormundes nur deshalb unterblieben, weil das Vorhandensein einer durch den Vormund zu führenden Vermögensverwaltung nicht angenommen worden ist, so muß ein solcher zum Zweck seiner Anhörung bestellt werden, sobald es sich um die Genehmigung des Vormundschaftsgerichts zu einem die Vermögensverwaltung betreffenden Rechtsgeschäfte des Vormundes[1]) handelt (vgl. R. 557—559).

B. v. 26. November 1888 (VIII, 36) Wernigerode, Halberstadt.
V.O. § 26 Abs. 2. § 55 Abs. 2.

R. 1102. **Stellung des Vormundschaftsgerichts bei Genehmigung eines Rechtsgeschäfts.**

1102. Das Genehmigungsrecht des Vormundschaftsgerichts ist seinem Wesen nach ein Verbietungsrecht, verleiht aber nicht die Befugniß, dem vom Vormund abgeschlossenen Rechtsgeschäft einen von diesem nicht gewollten Inhalt zu geben. Hat sonach der Vormund einen Erbrezeß bereits abgeschlossen, und legt er solchen zur Genehmigung vor, so hat das Vormundschaftsgericht allein zu prüfen, ob die Erklärungen des Vormundes so, wie sie vorliegen, dem Interesse des Mündels entsprechen oder nicht, und hiernach seine Genehmigung entweder zu ertheilen oder zu versagen. Es ist nicht befugt, die Genehmigung an die Bedingung zu knüpfen, daß in den Erbrezeß Zusätze aufgenommen werden, welche der Vormund nicht gewollt hat und nicht will.

B. v. 12. November 1888 (VIII, 33) Glogau.
V.O. § 42.

R. 1103. **Anhörung des Gegenvormundes vor der Genehmigung. Folgen der Unterlassung.**

1103. Nach § 55 der V.O. hat das Vormundschaftsgericht vor der Entscheidung über die zu einer Handlung des Vormundes erforderliche Genehmigung den Gegenvormund zu hören. Die Vorschrift, wonach die Wirksamkeit der Entscheidung von dieser Anhörung nicht abhängig ist, betrifft nur das Verhältniß dritter Personen gegenüber der getroffenen Entscheidung, enthält indessen nicht den Satz, daß

[1]) Es handelte sich um einen vermögensrechtlichen Vergleich.

die Unterlassung der Anhörung überhaupt keine Rechtsverletzung enthalte. Gegen die Unterlassung findet deshalb die Beschwerde statt[1]).

B. v. 26. November 1888 (VIII, 36) Wernigerode, Halberstadt.
V.O. §§ 10, 55.

— **Mitwirkung des Vormundschaftsgerichts gegenüber dem Vater als gesetzlichem Vormund** s. R. 1084.

— **Wirkung der obervormundschaftlichen Genehmigung eines Adoptionsvertrages** s. R. 1087.

IV. Beaufsichtigung der Vormundschaft und Befreiungen davon.

R. 1104. **Rechnungslegung und Vermögensübersicht beim Vorhandensein mehrerer Vormünder.**

1104. Sind mehrere Vormünder zu ungetrennter Verwaltung bestellt, so haben sie, ebenso wie die Jahresrechnung, auch die bei wegfallender Rechnungslegung einzureichende Vermögensübersicht gemeinschaftlich zu erstatten. Das Vormundschaftsgericht darf deshalb die Aufforderung zur Einreichung der Vermögensübersicht nicht an den einzelnen Vormund, sondern nur an alle Vormünder richten.

B. v. 26. März 1888 (VIII, 43) Strehlen, Brieg.
V.O. §§ 30, 56, 57.

R. 1105. **Rechnungslegung beim Zusammenwirken eines befreiten und eines nicht befreiten Vormundes.**

1105. Die Vorschrift des § 57 der V.O. wonach der Vater, die Mutter, der Ehemann und die Großeltern des Mündels von der Rechnungslegung während der Verwaltung befreit sind, beruht auf der Auffassung, daß das nahe Verhältniß dieser Personen zum Mündel gegen eine Benachtheiligung des letzteren schützt und deshalb eine Rechnungslegung erübrigt. Diese Voraussetzung fällt fort, wenn ein nach § 57 der V.O. privilegirter und ein anderer, nicht privilegirter Vormund gemeinschaftlich zu ungetrennter Verwaltung

---

[1]) Es handelte sich um eine die Genehmigung versagende Entscheidung. Gegen die ertheilte Genehmigung wird gemäß § 55 Abs. 4 der V.O. die Beschwerde erfolglos sein müssen, wenn die Genehmigung bereits zur Kenntniß des dritten Kontrahenten gebracht ist.

bestellt sind. In einem solchen Falle muß deshalb die Rechnungslegung erfolgen.

B. v. 23. Dezember 1889 (IX, 38) Stolberg, Aachen.
V.O. §§ 56, 57.

V. Beendigung der Vormundschaft.

R. 1106. Belehrung des verheiratheten Mündels wegen ausgesetzt gebliebener Gütergemeinschaft. — Prüfung der Rechtzeitigkeit der Erklärung.

1106. a) Die §§ 782 ff. II, 18 A.L.R. wegen Aussetzung der Gütergemeinschaft im Falle der Verheirathung eines Mündels betreffen nicht lediglich das Vormundschaftswesen und sind deshalb noch in fortdauernder Geltung[1]).

b) Demgemäß ist es noch jetzt Sache des Vormundschaftsgerichts, falls die Gütergemeinschaft ausgesetzt geblieben ist, bei erreichter Großjährigkeit des Mündels die im § 794 a. a. O. vorgeschriebene Erklärung des letzteren anzunehmen und demnächst das Erforderliche wegen Bekanntmachung des Ausschlusses der Gütergemeinschaft zu veranlassen.

An dieser, dem Vormundschaftsgericht Kraft besonderen Gesetzes übertragenen Funktion ist auch durch den Anh. § 76 zu § 356 II, 1 A.L.R. und durch das G. v. 20. März 1837 über die Verträge wegen Einführung oder Ausschließung der Gütergemeinschaft nichts geändert.

c) Wird es im einzelnen Falle streitig, ob die Erklärung des Mündels, daß die Gütergemeinschaft ausgeschlossen sein solle, rechtzeitig abgegeben ist[2]), so hat hierüber der Prozeßrichter zu befinden. Der Vormundschaftsrichter ist dagegen nicht berechtigt, die Bekanntmachung der Erklärung aus dem Grunde zu verweigern, weil er sie für verpätet hält[3]). Die betreffende Bekanntmachung hat auch nicht festzustellen, daß die Gütergemeinschaft ausgeschlossen ist, sondern

---

[1]) Ebenso R.G.U. (II. Hilfssenat) v. 25. April 1881 (Entsch. Bd. 5 S. 217).

[2]) Siehe hierüber den Widerspruch in der Fristberechnung zwischen § 791 u. § 794 a. a. O. Vgl. dazu R.G.U. (II. Hilfssenat) v. 11. Oktober 1880 (Entsch. Bd. 3 S. 244) und Foerster-Eccius, Preußisches Privatrecht 5. Aufl. Bd. IV § 209 S. 63 einerseits und Koch, A.L.R. 8. Aufl. zu § 791 a. a. O. Anm. 50, sowie Dernburg, Preußisches Privatrecht 3. Aufl. Bd. III S. 115 Anm. 24 andererseits. Das Kammergericht hat die Frage unentschieden gelassen.

[3]) Vgl. auch R. 1129.

nur, daß zu einer bestimmten Zeit Seitens des früheren Mündels die Erklärung über den Ausschluß derselben abgegeben worden ist.

B. v. 13. Januar 1890 (IX, 40) Soldau, Allenstein.

A.L.R. II, 18 §§ 780 ff und Anh. § 76 zu II, 1 § 356. G. v. 20. März 1837 (G.S. S. 63). V.O. § 102.

VI. Pflegschaft.

R. 1107. **Offizialpflicht des Vormundschaftsgerichts zur Einleitung.**

1107. Die Einleitung einer Pflegschaft ist Offizialsache (vgl. R. 522); sie wird lediglich durch die Umstände bedingt, ohne daß es eines darauf gerichteten Antrages bedarf. Findet deshalb das Vormundschaftsgericht bei einem ihm vom Vormund zur Genehmigung vorgelegten Rechtsgeschäfte, daß der Vormund wegen kollidirenden Interesses hierbei den Mündel nicht vertreten durfte und daß somit ein Pfleger bestellt werden müsse, so darf es sich nicht darauf beschränken, die nachgesuchte Genehmigung zu verweigern, sondern muß, falls es einen die Pflegschaft erforderlich machenden Thatbestand schon für vollständig dargethan erachtet, mit der Einleitung einer Pflegschaft vorgehen, anderenfalls die noch erforderlich erscheinenden Vorermittelungen veranlassen.

B. v. 9. Juni 1890 (X, 68) Skaisgirren, Tilsit.

V.O. § 86.

R. 1108. **Voraussetzungen der Nachlaßpflegschaft. Unbestimmtheit des Aufenthalts des Erben.**

1108. Die Einleitung einer Nachlaßpflegschaft setzt voraus, daß der Erbe seiner Person nach unbekannt ist. Die Unbekanntheit des Aufenthalts des Erben genügt hierzu nicht; für solche Fälle greift vielmehr die Abwesenheitsvormundschaft Platz. Die mangelnde Legitimation der Erben und der Umstand, daß der Antragsteller nicht die Möglichkeit hat, diese Legitimation zu erwirken, giebt demselben gleichfalls kein Recht, die Einleitung einer Nachlaßpflegschaft zu fordern[1]).

B. v. 2. Juli 1888 (VIII, 54) Rawitsch, Lissa.

V.O. § 89.

---

[1]) Der letzte Satz des obigen R. steht im Widerspruch mit R. 603 (B. v. 7. Februar 1881 Bd. II S. 53). Die Entscheidung leugnet allerdings einen solchen Widerspruch durch den Hinweis darauf, daß es sich im Falle des B. v. 7. Februar 1881 um eine durch den Nachlaßrichter wegen Unbekanntheit des Erben auf Grund der §§ 460, 461 I, 9 A.L.R. erfolgte Siegelung gehandelt

R. 1109. **Befugniß des Nachlaßpflegers zur Veräußerung von Grundstücken.**

1109. a) Der § 89 der V.O. welcher den Nachlaßpfleger „zur Erhaltung des Nachlasses" beruft, schließt damit dessen Befugniß zur Veräußerung einzelner Nachlaßsachen, insbesondere auch von Nachlaßgrundstücken, nicht aus, sofern solche Veräußerung zur Abwendung einer dem Nachlaß sonst drohenden Werthsverminderung und damit zur Erhaltung des Nachlasses als solchen vorgenommen wird.

b) Auch die nach § 89 der V.O. in Kraft gebliebenen Vorschriften über die weiteren Befugnisse des Nachlaßpflegers (A.L.R. I, 9 §§ 471 ff.) sind dahin zu verstehen, daß der Nachlaßpfleger von einer Veräußerung von Nachlaßgrundstücken nur „soviel als möglich" absehen, da-

---

habe, bei welcher Entscheidung darüber zu treffen gewesen, wie lange dem Nachlaßrichter gegenüber und hinsichtlich der Ausantwortung des Nachlasses der Erbe als unbekannt anzusehen sei und daß diese Entscheidung in erster Linie unter Berücksichtigung der §§ 471, 482, 492 I, 9 A.L.R. zu treffen gewesen sei, während es sich vorliegend um „eine lediglich nach § 89 V.O. einzuleitende Nachlaßpflegschaft" handle, „so daß nur die Vorschriften dieses § 89 in Betracht kommen". Der Widerspruch ist indessen unabweislich, da der B. v. 7. Februar 1881 den § 89 der V.O. als mit dem dort entwickelten Begriffe der „Unbekanntheit" des Erben in Uebereinstimmung stehend auslegt und den Vorderrichtern die Verletzung dieses § 89 zum Vorwurf macht.

Diesseits erscheint folgende Meinung als richtig. Der § 471 I, 9 A.L.R., welcher lautet:

> „Ist gar nicht bekannt, wer Erbe sei, so muß der Richter nach Ablauf dreier Monate vom Todestage des Erblassers oder auch noch früher, wenn es die Umstände des Nachlasses erfordern, demselben einen Kurator bestellen."

ist als eine dem Vormundschaftsrecht angehörige Norm überhaupt beseitigt. Der § 89 der V.O. konservirt die bestehenden Vorschriften über die besonderen Befugnisse des Nachlaßpflegers, aber nicht diejenigen über die Voraussetzungen seiner Bestellung. Gemäß § 102 der V.O. gilt deshalb für die Frage, ob eine Nachlaßpflegschaft einzuleiten ist, immer nur die Norm des § 89 der V.O.:

> „Ist der Erbe eines Nachlasses unbekannt, so ist zur Erhaltung des Nachlasses u. s. w. ein Pfleger zu bestellen".

Andere als „lediglich nach § 89 V.O einzuleitende Nachlaßpflegschaften" giebt es danach überhaupt nicht.

Vgl. Foerster-Eccius, Preußisches Privatrecht 5. Aufl. Bd. IV. § 236 S. 222.

Die Frage, ob der Erbe unbekannt ist, ist demgemäß überall aus § 89 der V.O. zu entscheiden. Danach hat der Vormundschaftsrichter nach Lage des Falles die Feststellung zu treffen, ob er die Erben als unbekannt ansieht; innerhalb seines Ermessens liegt es dabei, ob er aus dem Umstande, daß die Erben sich nicht legitimirt haben, den Schluß ziehen will, daß doch noch die Möglichkeit vorhanden ist, es seien dieselben nicht die wahren oder nicht die alleinigen Erben und ob er deshalb die Erben als unbekannt ansehen will.

gegen ausnahmsweise nach der konkreten Sachlage hierzu dennoch befugt sein solle, zumal ihm die Befugniß, auf den Verkauf der Nachlaßgrundstücke im Wege der Zwangsversteigerung anzutragen, ausdrücklich beigelegt ist.

c) Danach darf der Vormundschaftsrichter einem vom Nachlaßpfleger geschlossenen Vertrage über Veräußerung eines Grundstücks die Genehmigung nicht aus dem Grunde verweigern, weil der Pfleger Grundstücke nicht veräußern könne; er muß vielmehr in die sachliche Prüfung über Ertheilung der Genehmigung eintreten.

B. v. 18. März 1889 (VIII, 60) Siegen, Arnsberg.
V O. § 89. A.L.R. I, 9 §§ 474, 475. Zw.G. § 180 Nr. 1.

— **Einleitung einer Pflegschaft bei Interessenkollision zwischen Vater und Kind** s. R. 1084.

— **Desgleichen zwischen Vormund und Mündel im Zwangserziehungsverfahren** s. R. 1137.

VII. Der Umfang der Beseitigung des bisherigen Rechtes durch die V.O. v. 5. Juli 1875.

R. 1110. **Rechte der Mündel auf Theilung gütergemeinschaftlichen Vermögens. Schleswiger Vormünder-Ordnung.**

1110. Nach §§ 4 u. 30 der Vormünder-Ordnung für Schleswig v. 19. März 1742 haben bei bestandener Gütergemeinschaft die Mündel das Recht, gegen ihre Mutter auf Theilung der der Verfügung und Verwaltung der letzteren unterworfenen gemeinschaftlichen Masse zu dringen, falls die Mutter in Folge schlechter Wirthschaftsführung das Gut verringert. Diese Vorschriften sind materieller Art und deshalb ungeachtet der V.O. v. 5. Juli 1875 noch jetzt gültig (vgl. R. 1183).

B. v. 22. Dezember 1890 (X, 135) Apenrade, Flensburg.
Vormünder-Ordnung f. Schleswig v. 19. März 1742 §§ 4, 30. V O. v. 5. Juli 1875 §§ 95, 102.

— **Fortgeltung der Vorschriften wegen Aussetzung der Gütergemeinschaft bei Verheirathung eines Mündels** s. R. 1106.

Sechster Abschnitt.

Erbrecht[1]).

I. Letztwillige Verordnungen.

R. 1111. **Errichtung derselben. Mangelnde Vorlesung des Protokolls.**

1111. Die Vorschrift des § 423 des Anh. z. A.G.O, wonach die unterlassene Vorlesung des Protokolls oder die unterlassene Aufnahme eines Vermerks hierüber die Ungültigkeit der Verhandlung nicht zur Folge hat, findet auch auf Testamente Anwendung.

B. v. 3. Juni 1889 (IX, 66) Gerbstedt, Halle a. S.
A.L.R. I, 12 §§ 104, 105. A.G.O. II, 4 § 1 und Anh. § 423 zu II, 2 § 44.

R. 1112. **Einfluß eines Fehlers bei der Aufbewahrung auf die Gültigkeit.**

1112. Wenn § 33 des Anh. z. A.L.R. bestimmt, daß ein vorschriftsmäßig zu Protokoll erklärtes Testament durch einen darauf bei der Aufbewahrung begangenen Fehler nicht ungültig werde, so sind unter „Aufbewahrung" hier alle der Aufbewahrung dienenden Maßnahmen verstanden. Dahin gehören aber alle Akte, welche erst stattfinden, nachdem das Testamentsprotokoll geschlossen und unterschrieben ist[2]).

B. v. 3. Juni 1889 (IX, 66) Gerbstedt, Halle a. S.
Anh. § 33 zu A.L.R. I, 12 § 139.

R. 1113. **Erbverträge, Begriff. Gutsüberlassung von Eltern an Kinder.**

1113. Verträge, durch welche Eltern Vermögen bei Lebzeiten an ihre Kinder abtreten (Gutsüberlassung), sind schlechthin als Verträge unter Lebendigen zu beurtheilen. Sie verlieren diesen Charakter auch dadurch nicht, daß Betreffs restirenden Kaufgeldes die Abrede getroffen ist, daß im Sterbefalle eines parens der ganze Betrag im ausschließlichen Eigenthum des Längstlebenden verbleiben und nicht Gegenstand der Nachlaßregulirung werden solle. Die be-

[1]) Erbrechte der Kinder bei Gütergemeinschaft nach Jütischem Lov s. R. 1080.

[2]) Ein Dorfgericht hatte ein formgerechtes protokollarisches Testament aufgenommen, demnächst aber hatte es mit dem Testator eine zweite Verhandlung aufgenommen, Inhalts deren er eben dieses Testament als ein versiegeltes Packet dem Dorfgericht übergeben hat. Das Testament ist für gültig erklärt worden.

treffende Klausel bedarf deshalb nicht der Form der letztwilligen Verfügung (vgl. R. 1017).

B. v. 17. September 1890 (X, 94) Czarnikau, Schneidemühl.
A.L.R. I, 12 § 656.

R. 1114. 1115. Publikation der Testamente von Amts wegen. Hinausschiebung der Frist durch den Erblasser. Wechselseitige Testamente.

1114. a) Die Bestimmung des § 216 I, 12 A.L.R., daß nach Ablauf von sechs Wochen seit dem Tode des Erblassers das Gericht von Amts wegen mit der Publikation des Testaments vorzugehen hat, ist keine absolute. Insbesondere steht ein Verbot der Publikation Seitens des Testators dem Vorgehen des Gerichts auf Grund des § 216 a. a. O. entgegen.

b) Aus letzterem Satze folgt, daß bei einem wechselseitigen Testament, weil jeder der Eheleute Testator ist, auch der Widerspruch des Ueberlebenden zur Verhinderung der Publikation nach § 216 a. a. O. genügt. Dieser Widerspruch kann so lange erklärt werden, als er noch berücksichtigt werden kann, d. i. vor erfolgter Publikation (widersprechend R. 1115).

B. v. 30. Januar 1889 (VIII, 27) Vlotho, Bielefeld.
A.L.R. I, 12 § 216.

1115. a) Die Vorschrift des § 216 I, 12 A.L.R. (s. R. 1114) gilt auch für wechselseitige Testamente; die sechswöchige Frist beginnt mit dem Tode des zuerst versterbenden Ehegatten.

b) Der Testator ist befugt, den Zeitpunkt der Testamentseröffnung weiter hinauszuschieben. Bei wechselseitigen Testamenten ist eine derartige Disposition indessen nur dann wirksam, wenn sie von beiden Testatoren getroffen wird. Ist Letzteres nicht geschehen; so kann der überlebende Theil durch seinen alleinigen Widerspruch die auf Grund des § 216 a. a. O. erfolgende Publikation nicht aufhalten[1]).

B. v. 28. Mai 1890 (X, 57) Halle a. S.
A.L.R. I, 2 § 216. Anh. § 430 zu A.G.O. II, 4 § 10.

---

[1]) Die entgegengesetzte Auffassung im R. 1114 zu b ist ausdrücklich aufgegeben. In der That erscheint es unbedenklich, daß die neuere Ansicht zu billigen ist, da der Verstorbene seine Dispositionen in Rücksicht auf die gesetzlichen Vorschriften über die Publikation getroffen hat, und da diese Dispositionen, namentlich Anordnungen über die Bevormundung, über sofort zu zahlende Legate und dgl. sonst nach dem alleinigen Willen des Ueberlebenden und gegen die Intention des Verstorbenen völlig vereitelt werden könnten.

R. 1116. **Befugniß zum Antrage auf Testamentseröffnung. Beschwerderecht.**

1116. a) Der § 213 I, 12 A.L.R., welcher jedem, der ein wahrscheinliches Interesse zur Sache hat, das Recht giebt, auf die Publikation des Testaments anzutragen, setzt hierbei ein privatrechtliches Interesse voraus. Zu den Interessenten dieser Art gehört der Steuerfiskus wegen der Erbschaftssteuer nicht. Da den Erbschaftssteuerämtern auch sonst ein bezügliches Recht in den Gesetzen nicht beigelegt ist, sind sie zu einem Antrage auf Testamentseröffnung auf Grund des § 213 a. a. O. nicht legitimirt.

b) Liegt dagegen ein Fall vor, in welchem das Gericht von Amts wegen mit der Publikation vorzugehen hat, so ist das Erbschaftssteueramt mit Rücksicht auf das von ihm wahrzunehmende öffentliche Interesse für befugt zu erachten, seinerseits die Publikation bei dem Amtsgericht und im Falle der Ablehnung bei der vorgesetzten Aufsichtsbehörde[1]) zu betreiben. Dagegen steht ihm die gerichtliche Beschwerde nicht zu.

B. v. 30. Januar 1889 (VIII, 27) Vlotho, Bielefeld.
A.L.R. I, 12 §§ 213, 216. Erbschaftssteuergesetz v. 30. Mai 1873 G.S. S. 329) § 29. Allg. Verf. v. 30. Dezember 1873 (J.M.Bl. 1874 S. 3).

R. 1117. **Repräsentation eines im Testamente eingesetzten Kindes durch seine Descendenz.**

1117. Der § 443 II, 2 A.L.R. ist — ungeachtet seiner Stellung in der Lehre vom Pflichttheilsrecht — dahin zu verstehen, daß, wenn der Testator ein pflichttheilberechtigtes Kind unter dem Namen desselben zum Erben eingesetzt hat und dieses vor dem Testator verstorben ist, im Wege einer gesetzlichen Repräsentation an dessen Stelle hinsichtlich seines Erbtheils, nicht bloß seines Pflichttheils, seine Abkömmlinge treten.

B. v. 27. September 1888 (VIII, 104) Eisleben, Halle a. S.
A.L.R. II, 2 § 443.

— **Stellung des Testamentsvollstreckers** s. R. 1005.
— **Natur des Neuvorpommerschen Pastoraltestaments** s. R. 981.

---

[1]) s. aber dagegen R. 1138; vgl. auch R. 727, 728 mit Anm. 2.

II. Erwerbung der Erbschaft.

R. 1118. **Aufgebot der unbekannten Erben. Wirkung eines mit Vorbehalten ergehenden Ausschlußurtheils.**

1118. Wird im Aufgebotsverfahren über einen erblosen Nachlaß ein Ausschlußurtheil unter Vorbehalt der Rechte gewisser, sich meldender Personen erlassen, so hat demnächst der Nachlaßrichter durch Verhandlung mit diesen Personen zu befinden, ob er deren Erbrecht für nachgewiesen erachtet. Verneint er dies, so hat er den Nachlaß als herrenloses Gut dem Fiskus zu überweisen, ohne daß es einer Klageanstellung gegen die Erbprätendenten bedarf. Dadurch wird, wenngleich die Erben ihres Erbrechts selbst noch nicht verlustig gehen, der Fiskus zur definitiven Vereinnahmung des Nachlasses in den Stand gesetzt. Diese Ueberweisung muß auch dann erfolgen, wenn der Nachlaß in baarem Gelde besteht und bei der Regierung als Hinterlegungsstelle hinterlegt ist.

B. v. 17. Februar 1890 (IX, 31) Königsberg i. Pr.
A.L.R. I, 9 §§ 481, 494. II, 16 § 16. H.O. §§ 7, 8.

III. Erbbescheinigung.

R. 1119. **Zuständigkeit der inländischen Gerichte zur Erbbescheinigung nach einem in Rußland verstorbenen Preußen.**

1119. a) Stirbt ein preußischer Staatsangehöriger in Rußland, so sind, insoweit sein Mobiliarnachlaß in Betracht kommt und nicht etwa Seitens eines russischen Staatsangehörigen Ansprüche auf denselben erhoben werden, unbedingt die preußischen Gerichte zur Ertheilung der Erbbescheinigung berechtigt und verpflichtet, auch wenn der Erblasser in Preußen keinen Wohnsitz hatte. Dieser Satz folgt aus Art. 10 Abs. 2 der Konvention mit Rußland v. 12. November / 31. Oktober 1874[1]).

b) Ueber die Frage nach der örtlichen Zuständigkeit entscheiden

---

[1]) Der citirte Art. 10 Abs. 2 lautet:

Ansprüche, welche sich auf die Theilung des beweglichen Nachlasses, sowie auf das Recht der Erbfolge in das bewegliche Vermögen beziehen, welches in einem der beiden Länder von Angehörigen des anderen Landes hinterlassen worden ist, werden von den Gerichten oder sonst zuständigen Behörden des Staates, dem der Verstorbene angehörte, und nach den Gesetzen dieses Staates entschieden, es müßte denn ein Unterthan des Landes, in welchem der Nachlaß eröffnet ist, auf die gedachte Hinterlassenschaft Ansprüche zu erheben haben.

allerdings die preußischen Gesetze. Liegt nun der Fall vor, daß der Erblasser keinen Wohnsitz in Preußen gehabt hat und daß demgemäß die Zuständigkeit direkt aus § 2 des G. v. 12. März 1869 nicht bestimmt werden kann, führt ferner auch die Aushilfevorschrift wegen Ertheilung einer beschränkten Erbbescheinigung nach § 8 des citirten Gesetzes nicht zum Ziele [1]), so ergiebt sich aus dem Satze zu a) die Nothwendigkeit, das örtlich zuständige Gericht im Wege der Analogie zu bestimmen. Danach ist das Gericht des Ortes der Herkunft für zuständig zu erachten. Unter dem Orte der Herkunft ist zunächst der Wohnsitz des Vaters des Erblassers zur Zeit der Geburt des Letzteren, und wenn der Vater zu dieser Zeit keinen Wohnsitz mehr in Preußen hatte, der letzte Wohnsitz beziehentlich der Herkunftsort des Vaters zu verstehen. Ein Domizilerwerb des Erblassers oder seines Vaters in Rußland ändert hieran nichts. Das demgemäß für zuständig zu erachtende Gericht muß sich dem Erbbescheinigungsverfahren unterziehen.

B. v. 5. Mai 1890 (X, 47) Königsberg i. Pr.

Konvention mit Rußland v. $\frac{\text{12. November}}{\text{31. Oktober}}$ 1874 (R.G.Bl. 1875 S. 136) Art. 10. G. v. 12. März 1869 (G.S. S. 473) §§ 2, 8. Einl. 3. A.L.R. §§ 23 ff., 49, 89.

R. 1120. **Prüfung des erfolgten Erbschaftsantritts.**

1120. Nach A.L.R. sind die zur gesetzlichen Erbfolge berufenen Verwandten von Rechts wegen ohne besondere Antrittserklärung mit dem Momente des Todes ihres Erblassers dessen Erben. Eine spätere, fristgemäß erfolgende Entsagung hat nur die Bedeutung, daß dieselbe den eingetretenen Erwerb der Erbschaft wieder rückgängig macht. Mit Rücksicht hierauf darf die Ertheilung einer Erbbescheinigung, sofern sich der Erbschaftserwerb nach A.L.R. richtet, nicht davon abhängig gemacht werden, daß entweder ausdrückliche Antrittserklärungen sämmtlicher Erben beigebracht oder Betreffs Aller der Ablauf der gesetzlichen Ueberlegungsfrist abgewartet werde [2]).

Entsagt demnächst einer von den durch die Bescheinigung legitimirten Erben rechtzeitig der Erbschaft, so kann die ertheilte Erbbescheinigung berichtigt werden [3]).

B. v. 14. Mai 1889 (IX, 25) Berlin I.

A.L.R. I, 9 §§ 367, 368, 383. G. v. 12. März 1869 (G.S. S. 473) §§ 3, 5.

---

[1]) Vgl. R. 1122.

[2]) Es hatten nur zwei Erben die Ertheilung der Erbbescheinigung nachgesucht, während für die dritte, entfernt wohnende Erbin, die Ueberlegungsfrist noch nicht abgelaufen war.

[3]) Vgl. R. 670.

R. 1121. **Erbbescheinigung beim Vorhandensein eines Neuvorpommerschen Pastoraltestaments.**

1121. In Neuvorpommern und Rügen findet beim Vorliegen eines sog. Pastoraltestaments mit Erbeseinsetzung ein Antrag der Testamentserben auf Ertheilung einer Erbbescheinigung für die Intestaterben nicht statt (vgl. R. 981)[1].

Ueberweisungsbeschluß des Kammergerichts v. 9. Dezember 1889.

B. d. Oberlandesgerichts Stettin v. 26. März 1890 (X, 283) Greifswald.

V. v. 8. Oktober 1810 (Sonnenschmidt, Sammlung der für Neuvorpommern und Rügen in den Jahren 1802—1817 erlassenen Gesetze. Stralsund 1844—1847. Bd. 2 S. 165 ff.). G. v. 26. Mai 1873 (G.S. S. 229) § 24.

R. 1122. **Beschränkte Erbbescheinigung bei Gegenständen, die in der Verwahrung einer Behörde sind. Begriff der Letzteren.**

1122. Die Bestimmung, wonach eine beschränkte Erbbescheinigung auch in dem Falle ertheilt werden soll, wenn sich Nachlaßsachen in öffentlicher Verwahrung befinden, beschränkt sich auf den Fall der „Verwahrung einer Preußischen Behörde". Sie findet demgemäß keine Anwendung auf den Fall der Verwahrung durch die Kaiserlich Deutschen Konsulate[2]).

B. v. 5. Mai 1890 (X, 47) Königsberg i. Pr.

G. v. 12. März 1869 (G.S. S. 473) § 8.

---

[1]) Nach dem G. über das Grundbuchwesen in Neuvorpommern und Rügen vom 26. Mai 1873 § 24 bedarf es bei der Eintragung aus „Privattestamenten" noch eines Anerkenntnisses „des durch das Gesetz berufenen Erben". Eine solche ist im Falle des Pastoraltestaments für entbehrlich erklärt und deshalb der Antrag auf Ertheilung einer Erbbescheinigung zurückgewiesen worden. Ob bei wirklichen Privattestamenten der Antrag zulässig sein würde, ist dahin gestellt gelassen; vgl. hierüber R. 662.

[2]) Der deutsche Konsul in Petersburg hatte den Mobiliarnachlaß eines dort verstorbenen Preußischen Staatsangehörigen, der indessen in Preußen keinen Wohnsitz hatte, in Besitz genommen, und es war zur Ausfolgung des Nachlasses die Legitimirung der Erben erforderlich. Das K.G. hat nun eine Aushülfe dahin geschafft, daß es auf Grund der Deutsch-Russischen Konvention von 1874 die diesseitigen Gerichte zur Ausstellung der allgemeinen Erbbescheinigung für zuständig erachtet hat (vgl. R. 1119). Allein diese Aushilfe ist nicht in allen Fällen möglich, in denen der deutsche Konsul einen Nachlaß in Verwahrung genommen hat. Denn Konventionen der gedachten Art existiren nur ausnahmsweise, und selbst nach der Deutsch-Russischen Konvention kann es sich ereignen, daß der Konsul mit den — völlig legitimirten — Erben eine Nachlaßtheilung bereits vorgenommen hat und daß demnächst einer der Erben, welcher nicht Preuße ist, vor Empfangnahme seines, in Verwahrung des Konsuls befindlichen, Erbtheils verstirbt. Hier würde der Erbe rechtlos gestellt, und übrigens auch die Behörde ihres Depositums nicht ledig, wenn nicht auf Grund des § 8 des Erbbescheinigungsgesetzes zum Ziele zu gelangen wäre Es fragt sich des-

R. 1123. Ergänzungsbescheinigung wegen Unbestimmtheit der letztwilligen Verfügung. Irrthümliche Bezeichnung eines Erben.

1123. Der Zweck der Ergänzungsbescheinigung nach § 9 des G. v. 12. März 1869 geht dahin, Ungenauigkeiten und Irrthümer, welche bei der Bezeichnung der Erben untergelaufen sind, durch Feststellung der wahren Absicht des Erblassers zu heben. Der Fall einer Ergänzungsbescheinigung ist deshalb auch dann gegeben, wenn nach der Behauptung der Interessenten ein Erbe im Testament irrthümlich bezeichnet ist[1]). Der Nachlaßrichter hat alsdann die Bedeutung und Tragweite der angezeigten Ungenauigkeiten und Irr-

---

halb, ob die einschränkende Auslegung des K.G. zum § 8 a. a. O. in vollem Umfange zu billigen ist. Die Frage dürfte zu verneinen sein. Allerdings war zur Zeit der Erlassung des Gesetzes v. 12. März 1869 bereits der Norddeutsche Bund gegründet und auch das Bundeskonsulatsgesetz v. 8. November 1867 ergangen; es läßt sich deshalb für die einschränkende Auslegung des Gesetzes anführen, daß, wenn der Gesetzgeber die Bundes- (jetzt Reichs-) Behörden mit hätte umschließen wollen, er Veranlassung gehabt hätte, solches ausdrücklich hervorzuheben. Allein wenn man danach auch nicht allgemein die Verwahrung einer Reichsbehörde der einer preußischen Behörde gleichzustellen haben wird, so erscheint es doch gerechtfertigt, dies alsdann zu thun, wenn die Reichsbehörde bei der Verwahrung spezifisch preußische Angelegenheiten wahrgenommen hat. Diese Unterscheidung hat gerade Betreffs der Konsuln eine gesetzliche Unterlage im § 3 des Konsulatsgesetzes v. 8. November 1867 gefunden. Nachdem im Abs. 1 daselbst bestimmt ist, daß die Konsuln dem Reichskanzler unterstellt sind und von ihm Weisungen empfangen, heiß es demnächst im Abs. 2:

„In besonderen, das Interesse eines einzelnen Bundesstaates oder einzelner Bundesangehöriger betreffenden Geschäftsangelegenheiten berichten sie an die Regierung des Staates, um dessen besonderes Interesse es sich handelt, oder dem die betheiligte Privatperson angehört; auch kann ihnen in solchen Angelegenheiten die Regierung eines Bundesstaates Aufträge ertheilen und unmittelbare Berichterstattung verlangen."

Durch diese Vorschrift werden die Konsuln allerdings nicht Preußische Behörden für den einzelnen Fall, aber sie stehen den letzteren analog, und es rechtfertigt sich deshalb die analoge Anwendung des § 8 a. a. O. auf die Thätigkeit der Konsuln in Verlassenschaftssachen preußischer Staatsangehöriger. Was die örtliche Kompetenz des preußischen Gerichtes betrifft, so ist die Vorschrift, daß das Gericht, „in dessen Bezirk der Gegenstand verwahrt wird", zuständig sein soll, wörtlicher Anwendung nicht zugänglich, wenn die Verwahrung im Auslande stattfindet. Man wird deshalb nach einer analogen Anwendung zu suchen haben und wird den Gegenstand dort als verwahrt fingiren dürfen, wo die im § 3 Abs. 2 des Konsulatsgesetzes bezeichnete Einzelregierung, deren Angelegenheiten der Konsul wahrnimmt, ihren Sitz hat. Danach dürfte, wenn ein deutscher Konsul in einer preußischen Verlassenschaftssache Sachen in Verwahrung genommen hat, zur Ertheilung einer Bescheinigung nach § 8 a. a. O. das Amtsgericht I zu Berlin für zuständig zu erachten sein.

[1]) Der Testator hatte seine zweite Ehefrau und „die aus der Ehe mit ihr entsprossenen vier Kinder" eingesetzt, während er aus dieser Ehe nur drei Kinder und außerdem noch ein Kind erster Ehe hatte.

thümer zu prüfen und danach zu entscheiden, ob der Prätendent seine Identität mit der im Testament bezeichneten Person nachgewiesen hat.

B. v. 12. Mai 1890 (X, 52) Spandau, Berlin II.
G. v. 12. März 1869 (G.S. S. 473) § 9.

R. 1124. **Ergänzungsbescheinigung bei Einsetzung künftiger Descendenz.**

1124. Der Fall einer Ergänzungsbescheinigung nach § 9 des G. v. 12. März 1869 liegt auch dann vor, wenn im Testament namentlich eingesetzte Kinder und außerdem „die Kinder, welche noch geboren werden", eingesetzt sind[1]).

B. v. 13. Oktober 1890 (X, 55) Spandau, Berlin II.
G. v. 12. März 1869 (G.S. S. 473) § 9.

— **Ergänzungsbescheinigung beim Tode eines im Testament eingesetzten Kindes** f. R. 988.

IV. Nachlaßregulirung.

R. 1125. **Natur und Umfang des Nachlaßregulirungsverfahrens. Stellung der Erben**[2]). **Verfahren.**

1125. a) Das Verfahren der Nachlaßregulirung bezweckt die Theilung des gesammten Nachlasses als einer Einheit, nicht die Theilung einzelner Nachlaßgegenstände. Eine Theilung letzterer Art ist nur beim Einverständniß sämmtlicher Interessenten möglich. Ist eine solche Theilung einzelner Gegenstände erfolgt und wird demnächst eine Nachlaßregulirung beantragt, so erstreckt sich letztere, wenn auch der Provokant ein Verzeichniß der noch zu theilenden Sachen überreicht hat, doch nicht blos auf diese Sachen, sondern auf den ganzen Nachlaß, soweit er noch ungetheilt ist. Es darf deshalb in diesem Verfahren kein Antrag allein aus dem Grunde zurückgewiesen werden, weil er sich auf Gegenstände beziehe, die nach Maßgabe des eingereichten Verzeichnisses nicht zur Theilung zu bringen seien.

b) Im Nachlaßregulirungsverfahren haben sämmtliche Erben zugleich die Stellung von Provokanten und von Provokaten; sie können sämmtlich das Inventar bemängeln und ergänzen, sowie Anträge wegen Abnahme des Offenbarungseides stellen. Ueber die

[1]) Vgl. R. 989; f. aber auch R. 988.

[2]) Ueber die Stellung des gütergemeinschaftlichen Ehegatten bei der Nachlaßtheilung vgl. R. 1188, 1189.

bezüglichen Erklärungen sind die übrigen Erben zu hören; demnächst sind die gestellten Anträge zu erledigen, wenn nicht Streitigkeiten hervortreten, welche eine prozessuale Entscheidung erheischen.

B. v. 20. Mai 1889 (IX, 28) Trachenberg, Oels.
A.G.O. I, 46 §§ 2 ff.

R. 1126. **Zwangsrecht des Nachlaßrichters bei verweigerter Inventarseinreichung.**

1126. Das im § 7 Th. I Tit. 46 der A.G.O. dem Nachlaßrichter beigelegte Recht, auf Antrag eines unbezweifelten Erben den Erbschaftsbesitzer mittels Exekution zur Einreichung eines Nachlaßverzeichnisses zu zwingen, ist, da es sich in diesem Falle in Wirklichkeit immer um einen Rechtsstreit über die geforderte Leistung handelt, mit Einführung der C.P.O. obsolet geworden. Der Nachlaßrichter ist deshalb nicht mehr befugt, dem Erbschaftsbesitzer die Einreichung des Inventars unter dem Präjudiz der Zwangsvollstreckung aufzugeben (vgl. auch R. 697).

B. v. 8. Oktober 1888 (VIII, 26) Glogau.
A.G.O. I, 46 § 7 E.G. 3. C.P.O. §§ 3, 14 ff.

Siebenter Abschnitt.

Gerichtliches Verfahren.

I. Civilprozeß.

R. 1127. **Zwangsvollstreckung von Urtheilen auf Herausgabe einer Person.**

1127. Urtheile, welche auf Herausgabe eines Kindes lauten, sind nicht nach den Grundsätzen über Herausgabe beweglicher Sachen zu vollstrecken. Vielmehr handelt es sich, je nachdem der Schuldner das Kind dem Gegner zuführen oder aber dessen Abholung nur gestatten soll, um eine Zwangsvollstreckung zur Erwirkung einer Handlung bez. zur Erwirkung einer Duldung[1]).

B. v. 13. April 1888 (VIII, 47) Charlottenburg, Berlin II.
C.P.O. §§ 769, 773, 775.

---

[1]) A.M. Geschäfts-Anweisung für die Gerichtsvollzieher v. 24. Juli 1879 (J.M.Bl. S. 206) § 96.

R. 1128. **Vollstreckung von Urtheilen auf Abgabe einer Willenserklärung.**

1128. Ein Urtheil, welches den Schuldner zur Abgabe einer Willenserkärung verurtheilt, bedarf, wenn es rechtskräftig ist, keiner Vollstreckung. Vielmehr gilt die Erklärung ohne Weiteres als abgegeben, sobald das Urtheil die Rechtskraft erlangt hat. Dies findet auch dann Anwendung, wenn die Willenserklärung nach dem Urtheil „in einer gerichtlich oder notariell aufzunehmenden Urkunde" erfolgen soll. In diesem Falle gilt bei Rechtskraft des Urtheils die Erklärung in der Weise als abgegeben, wie das Urtheil es ausspricht (vgl. R. 1029).

B. v. 9. April 1888 (VIII, 109) Querfurt, Naumburg.
C.P.O. § 779.

— **Zerstreut aufgenommene Grundsätze über den Civilprozeß und Konkurs:**

a) Begriff der bürgerlichen Rechtsstreitigkeit s. R. 1067. 1083. 1085. 1126.
b) Unterwerfung unter die sofortige Zwangsvollstreckung. Eintragung in das Grundbuch s. R. 1013.
c) Zwangsvollstreckung aus einem Kostenfestsetzungsbeschluß gegen mehrere Streitgenossen. Haftung in solidum s. R. 1042.
d) Zwangsvollstreckung in das unbewegliche Vermögen s. R. 1039—1045.
e) Zwangsvollstreckung in Forderungen einer Ehefrau ohne Schuldtitel gegen den Mann s. R. 1043.
f) Beseitigung älterer Zwangsvollstreckungs-Prozeduren s. R. 1083. 1126.
g) Aufgebotsverfahren. Wirkung des Ausschlußurtheils über eine Hypothekenpost s. R. 1030.
h) Wirkung des Ausschlußurtheils beim Aufgebot unbekannter Erben s. R. 1118.
i) Eintragung einer Hypothek während des Konkurses des Eigenthümers s. R. 1040.

II. Nichtstreitige Gerichtsbarkeit.

R. 1129. **Zweifel über die Zulässigkeit von Akten freiwilliger Gerichtsbarkeit. Verfahren.**

1129. Wird ein Akt freiwilliger Gerichtsbarkeit beantragt, bezüglich dessen rechtliche Zweifel über die Statthaftigkeit oder Zuständigkeit obwalten, so ist, wenn die Gewährung des Antrages Niemandem Schaden bringen kann, während die Ablehnung je nach der Entscheidung der streitigen Rechtsfrage den Antragsteller benachtheiligen kann, im Zweifel der Antrag zuzulassen[1]).

B. v 24. März 1890 (X, 20) Magdeburg.

R. 1130. **Stellung der Beschwerdeinstanzen.**

1130. Die Beschwerdeinstanzen (in Grundbuchsachen) sind nur mit Erledigung bestimmter Parteianträge befaßt, zur Ertheilung genereller Anweisungen aber nicht befugt (vgl. R. 767).

B. v. 28. Januar 1890 (IX, 3), Heiligenstadt, Nordhausen.
A.G. z. G.V.G. § 40. G.B.O. § 24.

R. 1131. **Weitere Beschwerde. Zulässigkeit derselben wegen verweigerter Bestätigung eines Adoptionsvertrages.**

1131. Zu den Angelegenheiten, welche durch das A.G. z. G.V.G. den Amtsgerichten zugewiesen sind, gehört auch die Bestätigung der Adoptionsverträge. Gegen die versagte Bestätigung eines Adoptionsvertrages findet deshalb das Rechtsmittel der weiteren Beschwerde statt.

B. v. 3 März 1890 (IX, 61) Berlin I.
A.G. z. G.V.G. § 26 Nr. 2, § 40 Abs. 2.

R. 1132. **Unzulässigkeit der weiteren Beschwerde in Requisitionssachen.**

1132. Weder im Geltungsbereiche der V. v. 2. Januar 1849, noch im Gebiete der vormaligen Stadt Frankfurt a. M. giebt es Vorschriften, welche die Erledigung von Requisitionen (in Disziplinarsachen) den Einzelrichtern zugewiesen hätten. Insoweit letztere hierbei thätig waren, handelten sie als Deputirte und Vertreter des Kollegialgerichtes. Danach fallen diese Angelegenheiten nicht unter

---

[1]) Vgl. den zu Grunde liegenden Fall bei R. 1054 u. 1079. Das Kammergericht hat dabei die Streitfrage über die örtliche Zuständigkeit zwar positiv im Sinne des Antragstellers entschieden, den im Texte mitgetheilten Grundsatz aber noch kumulirend beigefügt; vgl. auch R. 1106 zu c.

den § 26 des A.G. z. G.V.G. Es findet deshalb in ihnen das Rechtsmittel der weiteren Beschwerde nicht statt[1]).

B. v. 6. Oktober 1890 (X, 3) Frankfurt a. M.
V. v. 2. Januar 1849 (G.S. S. 1) §§ 21, 22. Organisationsgesetz und Gerichtsverfassungsgesetz für Frankfurt a. M. v. 16. September 1856 (Frankfurter G.S. S. 221, 223, 241 ff.). A.G. z. G.V.G. §§ 26, 40, 51.

R. 1133. **Form der weiteren Beschwerde. Erklärung zu Protokoll des Amtsrichters.**

1133. Die Vorschrift, daß die weitere Beschwerde von einem Rechtsanwalt unterzeichnet oder zu Protokoll des Gerichtsschreibers erklärt werden muß, verfolgt den Zweck, die Betheiligten vor Gefahren und Schäden und das Gericht vor dem Eingang unbrauchbarer Beschwerden zu schützen. Da dieser Zweck durch Aufnahme der Beschwerde Seitens des Richters (statt des Gerichtsschreibers) in noch höherem Maße erreicht wird, so ist die vorgeschriebene Form auch durch Erklärung der Beschwerde zu Protokoll des Amtsrichters für gewahrt zu erachten (widersprechend R. 771).

B. v. 29. Oktober 1888 (VIII, 3) Sonnenburg, Frankfurt a. O.
A.G. z. G.V.G. § 53.

R. 1134—1137. **Zwangserziehungssachen.**

R. 1134. **Bestimmung des zuständigen Gerichtes im Streitfalle.**

1134. Zu den durch das A.G. z. G.V.G. den ordentlichen Gerichten übertragenen Angelegenheiten gehören auch die Zwangserziehungssachen. Es findet deshalb auch in diesen Sachen bei Streit oder Ungewißheit über die örtliche Zuständigkeit mehrerer Gerichte die Bestimmung des zuständigen Gerichts durch das gemeinschaftliche Oberlandesgericht statt.

B. v. 18. November 1889 (IX, 55) Amtsgericht I u. Amtsgericht II Berlin.
A.G. z. G.V.G. § 20 Nr. 2, § 26.

R. 1135. **Grundsätze für die örtliche Zuständigkeit in Zwangserziehungssachen.**

1135. Für die örtliche Zuständigkeit der Gerichte in Zwangserziehungssachen kommen — in Ermangelung besonderer Vorschriften im G. v. 13. März 1878 — die Bestimmungen der V.O. über die örtliche Zuständigkeit der Vormundschaftsgerichte zur Anwendung. Handelt es sich um ein bisher nicht bevormundetes Kind, so greift § 2 Abs. 1 der V.O. Platz, wonach das Gericht zuständig ist, in dessen Bezirk der Vater zu der Zeit, in welcher die Bevormundung

[1]) Vgl. den zu Grunde liegenden Sachverhalt bei R. 1139.

nöthig geworden ist, seinen Wohnsitz gehabt hat. Als diese Zeit ist in Zwangserziehungssachen weder diejenige der begangenen strafbaren Handlung, noch diejenige eines beim Vormundschaftsgericht gestellten Antrages, sondern vielmehr diejenige Zeit anzusehen, in welcher die gesetzlichen Voraussetzungen der Unterbringung zur Zwangserziehung für soweit vorhanden anzunehmen sind, daß das Vormundschaftsgericht einzuschreiten hat.

B. v. 18. November 1889 (IX, 55) Amtsgericht I u. Amtsgericht II Berlin[1]).

G. v. 13. März 1878 (G.S. S. 132) §§ 1 u. 2. V.O. §§ 2, 8.

R. 1136. **Benachrichtigung der Eltern vom Schlußtermine. Folgen einer Unterlassung.**

1136. Die Vorschrift, wonach im Zwangserziehungsverfahren das Gericht vor der Beschlußfassung die Eltern bez. gewisse andere Personen anhören „soll", ist allerdings nur instruktionell[2]). Die Benachrichtigung dieser Personen vom Termine zur Schlußverhandlung ist dagegen obligatorisch. Die Unterlassung einer Benachrichtigung der (unehelichen) Mutter vom Termine stellt deshalb eine Gesetzesverletzung dar, welche, wenn sie in beiden Instanzen begangen ist, auf eingelegte weitere Beschwerde zur Aufhebung des Verfahrens führen muß.

B. v. 26. März 1888 (VIII, 6) Tempelburg, Cöslin.

G. v. 13. März 1878 (G.S. S. 132) § 3 Abs. 2 u. 4.

R. 1137. **Anhörung der Mutter, welche zugleich Vormund ist. Interessenkollision. Folgen einer Gesetzesverletzung.**

1137. a) Handelt es sich bei der Zwangserziehung um ein vaterloses Kind, so muß das Vormundschaftsgericht vor der Beschlußfassung die Mutter und den Vormund anhören.

b) Ist die Mutter gleichzeitig Vormund, so genügt die alleinige Anhörung derselben nicht, sobald die Interessen der Mutter als solcher mit denen, die sie als Vormund wahrzunehmen hat, kollidiren. Vielmehr mnß alsdann dem Kinde ein Pfleger bestellt und dieser zum Verfahren mit zugezogen werden.

c) Als ein Fall solcher Interessenkollision ist es ohne Weiteres anzusehen, wenn die Mutter der Theilnahme an denjenigen strafbaren Handlungen, auf Grund deren gegen das Kind eingeschritten wird, verdächtig ist[3]).

---

[1]) Die Entscheidung ist nicht auf weitere Beschwerde, sondern in einem Kompetenzstreit erlassen worden; vgl. R. 1134.

[2]) widersprechend R. 1137 zu e.

[3]) Auch der Umstand, daß die Mutter das Kind als unabkömmlich in ihrem Geschäft reklamirt hat, ist in der Entscheidung als Interessenkollision bezeichnet.

d) Im Falle zu b darf von einer Pflegschaft auch nicht aus der Erwägung abgesehen werden, daß die Anhörung des Pflegers nicht ohne erhebliche Schwierigkeiten erfolgen kann. Denn ob solche Schwierigkeiten vorliegen, läßt sich nur einer bestimmten Person gegenüber beurtheilen und kann deshalb erst in Betracht kommen, wenn ein Pfleger bestellt ist.

e) Die Anordnung der Anhörung des Vormundes oder Pflegers gehört zu den im Interesse der Gewährleistung einer sorgfältigen Prüfung getroffenen Vorschriften und ist deshalb wesentlich. Die Verletzung der vorstehenden Grundsätze muß danach, wenn sie in beiden Instanzen begangen ist, zur Aufhebung des Verfahrens führen (widersprechend R. 1136).

B. v. 27. September 1888 (VIII, 8) Lützen, Lyck.
G. v. 13. März 1878 (G.S. S. 132) § 3 Abs. 2. V.O. § 86.

— **Zerstreut aufgenommene Grundsätze, welche für die nicht streitige Gerichtsbarkeit von Interesse sind:**

a) Geschäftssprache der Gerichte s. R. 1049. 1068.
b) Regeln über die Beweislast und die gesetzlichen Vermuthungen s. R. 988. 1096 zu f.
c) Verfahren bei Bestätigung eines Adoptionsvertrages s. R. 1087.
d) Verfahren bei der gerichtlichen Abberufung von Liquidatoren einer Handelsgesellschaft s. R. 1067.
e) Gerichtliche Unterschriftsbeglaubigung s. R. 1141—1143.
f) Gerichtliche Beglaubigung außerhalb Preußens s. R. 982.
g) Abgrenzung der gerichtlichen Beschwerde von der Aufsichtsbeschwerde s. R. 1138.
h) Verhältniß der Gerichte zu den Verwaltungsbehörden s. R. 1192.

III. Aufsichts- und Disciplinarverfahren.

R. 1138. **Befugnisse der Aufsichtsbehörde gegenüber richterlichen Entscheidungen.**

1138. Der § 23 des Disziplinargesetzes v. 9. April 1879, welcher gegenüber richterlichen Beamten der Aufsichtsbehörde die Befugniß zu Rügen und Ermahnungen ertheilt, ist nur anwendbar, wenn es sich um Zuwiderhandlungen wider formelle Vorschriften der Dienstordnung handelt, nicht aber, wenn der Richter eine

Handlung aus rechtlichen Bedenken, weil nämlich deren Vornahme gesetzlich unstatthaft sei, ablehnt. Solche Entscheidungen können vielmehr nur durch Anrufung des höheren Gerichts angegriffen werden[1]).

B. v. 6. Oktober 1890 (X, 3) Frankfurt a. M.
G. v. 9. April 1879 (G.S. S. 345) § 23.

R. 1139. Rechtshilfe in Disziplinarsachen. Beschwerde wegen Verweigerung derselben. Zeugnißzwang[2]).

1139. a) Das von dem Vorsteher einer Disziplinarbehörde an ein Gericht ergangene Ersuchen um eidliche Vernehmung von Zeugen zum Zweck der Ermittelung und eventuellen disziplinarischen Be-

---

[1]) Dieser Grundsatz ist richtig, aber vom Kammergericht in wiederholten Entscheidungen außer Acht gelassen; vgl. u. A. R. 446, 727, 728 und 1116 zu b; s. auch R. 42, 436.

[2]) Der Sachverhalt war folgender: Ein EisenbahnDirektions-Präsident vermuthete in einem Zeitungsartikel ein Dienstvergehen eines Beamten und verlangte zum Zwecke der Ermittelung, ob und welcher Beamter der Verfasser sei, vom Amtsgericht Frankfurt a. M. die eidliche Vernehmung des Redakteurs. Das Amtsgericht gab dem Antrage statt und lud den Redakteur vor, lehnte aber, als dieser sein Zeugniß verweigerte, die Vornahme von Zwangsmaßregeln ab. Hierüber beschwerte sich der Präsident. Er hat indessen kein Gericht finden können, welches sich zur Entscheidung über die Beschwerde für zuständig erachtet hätte. Zunächst ging er das Oberlandesgericht Frankfurt a. M. an auf Grund der Vorschriften über die Rechtshilfe. Dieses erklärte sich für unzuständig, weil die §§ 157–160 des G.V.G. und der § 87 des A.G. sich auf Disziplinarsachen nicht bezögen und ferner das Ersuchen eines Gerichtes voraussetzten. Zuständig seien vielmehr gemäß §§ 26, 40, 51 des A.G. z. G V.G. das Landgericht Frankfurt a M. und das Kammergericht. Die hiergegen beim Reichsgericht auf Grund des § 160 des G.V G. eingelegte weitere Beschwerde wurde durch B. des I. Strafsenats v 21. Oktober 1889 (Entsch. in Straff. Bd. 19, S. 438) als unzulässig verworfen, weil der § 160 des G.V.G eine ausnahmsweise Zuständigkeit des Reichsgerichts nur unter ganz bestimmten Voraussetzungen begründe, nämlich daß das Reichsgericht die Eigenschaft als gemeinschaftliches Obergericht der streitenden Gerichte habe, was bei den Landesverwaltungsbehörden nicht der Fall sei (vgl. auch B. des III. Strafsenats v. 12. Juli 1887, Rechtsprechung des Reichsgerichts in Strafsachen Bd. 9, S 418). Darauf wandte sich der Präsident an die Strafkammer des Landgerichts Frankfurt a. M., welche aber die Statthaftigkeit der Beschwerde in Ermangelung eines positiven Gesetzes überhaupt verneinte und den Präsidenten an die Aufsichtsbehörde verwies. Die gegen diese Entscheidung auf Grund des A.G. z. G.V G. beim Kammergericht eingelegte weitere Beschwerde wurde als unzulässig verworfen, weil Beschlüsse der Strafkammer dem gedachten Rechtsmittel überhaupt nicht unterlägen. Demnächst legte der Präsident die Beschwerde bei der Civilkammer des Landgerichts Frankfurt a. M. ein, welches dieselbe indessen aus ähnlichen Gründen, wie früher die Strafkammer, verwarf. Die hiergegen ergriffene weitere Beschwerde ist vom Kammergericht unter Aufstellung obiger Grundsätze als unzulässig verworfen worden. Das Ergebniß war sonach die Rechtlosstellung der antragenden Behörde.

strafung eines Beamten bezweckt die Durchführung des staatlichen Rechtes auf disziplinare Bestrafung pflichtvergessener Beamten mittels gerichtlicher Hilfe. Die betreffende Requisition bewegt sich danach auf dem Gebiete der Rechtshilfe.

b) Die Verpflichtung der Gerichte, in solchen Fällen Rechtshilfe zu leisten, ergiebt sich aus dem staatsrechtlichen Zweck der Disziplinarbehörden, weil nämlich dem Vorsteher der Disziplinarbehörde die Befugniß zu Disziplinarstrafen und zur Einleitung des Disziplinarverfahrens zusteht und weil ihm deshalb auch die Mittel zustehen müssen, um diese Rechte auszuüben. Außerdem folgt die gedachte Verpflichtung aus § 38 d. V. v. 2. Januar 1849[1]).

c) Was die bei der Rechtshilfe anzuwendenden Vorschriften anlangt, so kann der Vorsteher einer Disziplinarbehörde zwar nicht als Gericht angesehen werden. Der § 87 des A.G. z. G.V.G. ist deshalb auf seine Requisitionen nicht anwendbar[2]). Es ist indessen davon auszugehen, daß auf das Disziplinarverfahren, insoweit die Disziplinargesetze nicht selbst Bestimmungen enthalten, die über das gemeine Strafverfahren geltenden Vorschriften, gleichviel ob sie in der Strafprozeßordnung oder an anderer Stelle enthalten sind, zur Anwendung zu gelangen haben. Danach sind die Vorschriften des G.V.G. über die Rechtshilfe entsprechend zur Anwendung zu bringen[3]).

---

[1]) Vgl. hierzu R. 1192 mit Anm. Aus dem § 38 könnte — nach Meinung des Herausgebers — für den vorliegenden Fall nur dann etwas gefolgert werden, wenn das Amtsgericht sich geweigert hätte, den Redakteur vorzuladen. Gerade dies hat es aber nicht gethan. Die Frage, welche Zwangsmittel zur Erwirkung eines Zeugnisses der Staatsbürger sich gefallen lassen muß, hat mit der Frage der Verpflichtung der Behörden zur Rechtshilfe nichts zu thun. Vgl. hierüber Laband, Das Staatsrecht des Deutschen Reiches (Bd. II § 90, S. 461. 2. Aufl. 1891).

[2]) Ob diese Anwendbarkeit dann begründet sein würde, wenn das Ersuchen von einem Disziplinargericht ausginge, läßt die Entscheidung dahingestellt.

[3]) Diese Folgerung erscheint nicht schlüssig. Gesetzten Falles, die Anwendung des gemeinen Strafverfahrens sei gerechtfertigt, so muß doch, da es sich nur um analoge Anwendung handelt, erst noch gefragt werden, welcher der im Strafverfahren mitwirkenden Behörde die Stellung des Vorstehers der Disziplinarbehörde entspricht. Der Letztere vereinigt nämlich die Funktionen des Richters und des Staatsanwalts in sich. Er steht dem Richter gleich, insoweit er eine Disziplinarstrafe verhängt, dagegen dem Staatsanwalt, insoweit er die Person, gegen die er einschreiten will, erst zu ermitteln sucht. Gerade um letzteren Fall aber handelt es sich hier. Will man hier eine Analogie im Strafverfahren suchen, so erscheint es richtiger, dieselbe im Verfahren zur Vorbereitung der öffentlichen Klage zu suchen und danach die Requisition den staatsanwaltlichen Anträgen nach §§ 159 ff. St.P.O. gleichzustellen. Dadurch würde auch die Uebereinstimmung mit dem gemeinen Strafverfahren besser erreicht, namentlich was die Frage der Beeidung der Zeugen (§ 65 Abs. 3 der St.P.O.) be-

d) Verweigert deshalb das angegangene Amtsgericht die Rechtshilfe, so findet gegen diese Entscheidung die Beschwerde an das örtlich zuständige Oberlandesgericht, nicht aber Beschwerde an das Landgericht und weitere Beschwerde an das Kammergericht statt (vgl. R. 1132).

e) Die Anrufung der Aufsichtsbehörde gegen den aus rechtlichen Bedenken sich weigernden Amtsrichter findet nicht statt (vgl. R. 1138).

B. v. 6. Oktober 1890 (X, 3) Frankfurt a. M.
Disciplinargesetz v. 21. Juli 1852 (G.S. S. 465) §§ 18 ff. V. v. 2. Januar 1849 (G.S. S. 1) § 38. G.V.G. §§ 158 ff. A.G. 3. G.V.G. §§ 87, 110. Disciplinargesetz v. 9. April 1879 (G.S. S. 345) § 23.

IV. Notariatsverfahren.

R. 1140. **Form der Identitätsbezeugung im Notariatsakt.**

1140. Liegt der Fall, daß der Notar die Identität der vor ihm auftretenden Parteien durch Zeugen festgestellt hat, nicht vor, so hängt die Gültigkeit der Notariatsurkunde von der Mittheilung der Umstände, welche die Ueberzeugung von der Identität begründet haben, nicht ab. Einer Urkunde, bei welcher die Identität der Komparenten mit den Worten konstatirt ist: „wie festgestellt wurde, von unzweifelhafter Identität" kann deshalb die Gültigkeit nicht abgesprochen werden (vgl. R. 793, 794)[1].

B. v. 24. September 1888 (VIII, 41) Swinemünde, Stettin.
Not.G. §§ 10 Nr. 2, 41, 42. A.G.O. II, 2 § 43, III, 7 § 48.

R. 1141. **Unterschriftsbeglaubigung unter einem unfertigen Instrument.**

1141. Die gerichtliche oder notarielle Beglaubigung von Unterschriften setzt — abgesehen von denjenigen Blanko-Unterschriften, denen das Recht selbständige Bedeutung beimißt[2]) — vor-

---

trifft. Der B. des K.G. will der Disziplinarbehörde in der Vorermittelung noch weitere Rechte geben, als selbst die Staatsanwaltschaft im Strafverfahren hat. Hierfür fehlt es jedenfalls an einem Grunde.

Ob übrigens auch § 159 des G.V.G., wonach die Rechtshilfe nur unter gewissen Voraussetzungen abgelehnt werden darf, für analog anwendbar zu erachten ist, läßt der Beschluß dahingestellt.

[1]) Vgl. hierzu die Ausführungen des Herausgebers bei Koch-Jastrow, Formularbuch und Notariatsrecht 10. Aufl. 1891 zu Not. G. § 10 Anm. 5 (S. 75).

[2]) Die Zulässigkeit der Beglaubigung solcher läßt der Beschluß dahingestellt.

aus, daß es sich um die Unterschrift unter einem bereits fertiggestellten Instrument handelt.

B. v. 8. Juni 1889 (IX, 76) Berlin I.
A.G.O. II, 3 § 26, III, 7 §§ 75—77. Not.G. § 21[1]).

R. 1142. **Unterschriftsbeglaubigung. Form des Beglaubigungsvermerkes.**

1142. Wenn § 8 Abs. 3 des G. v. 15. Juli 1890 für die Beglaubigung der Unterschrift einen Vermerk des Inhalts vorschreibt, „daß die vorstehende Unterschrift . . . . beglaubigt werde“, so ist damit nicht beabsichtigt, für die Unterschriftsbeglaubigung eine bestimmte Sollemnitätsformel zu schaffen. Das Wesen der Beglaubigung besteht vielmehr (ebenso wie nach früherem Recht) in der urkundlichen Feststellung, daß die Unterschrift von der betreffenden Person niedergeschrieben oder anerkannt ist. Ein Vermerk des Notars:

„Es wird hierdurch bescheinigt, daß vorstehende Unterschriften von den u. s. w. vor mir eigenhändig gefertigt worden sind“

genügt deshalb dem Gesetze.

B. v. 19. Januar 1891 (X, 129) Iserlohn, Hagen.
G. v. 15. Juli 1890 (G.S. S. 229) § 8.

R. 1143. **Nachträgliche Aenderung in einer der Unterschrift nach beglaubigten Urkunde.**

1143. Die gerichtliche oder notarielle Unterschriftsbeglaubigung hat den Zweck, eine Garantie für die Echtheit des über der Unterschrift stehenden Textes zu gewähren. Wird deshalb festgestellt, daß ein Theil des letzteren zur Zeit der Unterschriftsbeglaubigung sich in dem Instrument noch nicht befand, vielmehr erst hinterher zwischen die Zeilen geschrieben worden ist, so wird eine solche Aenderung durch die Beglaubigung nicht mehr gedeckt. Eine solche Urkunde ist deshalb, wenn die Aenderung in Betracht kommt, als Unterlage für die Eintragung in das Grundbuch nicht geeignet[2]).

B. v. 8. Juni 1889 (IX, 76) Berlin I.
B. v. 29. September 1890 (X, 98) Magdeburg.
A.G.O. II, 3 § 26. Not.G. § 21. G.B.O. § 33.

---

[1]) Die Entscheidung gründet sich auf den Wortlaut dieser Gesetzesvorschriften. Die letzteren sind indessen, insoweit sie hier in Betracht kommen, durch das inzwischen erlassene G. v. 15. Juli 1890 als beseitigt anzusehen. Vgl. über die Frage nach jetzigem Recht Koch-Jastrow a. a. O. zu § 8 des G. v. 15. Juli 1890 Anm. 2 u. 3 (S. 156, 157). Die §§ 75—77 III, 7 der A.G.O. sind übrigens bereits durch Not.G. § 45 aufgehoben worden.

[2]) Vgl. über die Bedenken gegen die Motivirung dieser Entscheidung Koch-Jastrow a. a. O., Anm. 18 (S. 162).

Achter Abschnitt.

Stempel- und Kostensachen.

I. Stempelsachen.

1. Allgemeine Grundsätze über Stempelpflicht[1]) und Stempelverwendung.

R. 1144. **Stempelfreiheit der Kirchen.**

1144. Die in der Deklaration v. 27. Juni 1811 den Angelegenheiten der „Kirchen" zugestandene Stempelfreiheit kommt, dem damaligen gesetzlichen Sprachgebrauche, gemäß nur den vom Staate ausdrücklich aufgenommenen Kirchengesellschaften d. i. der evangelischen und katholischen Kirche zu. Es können sonach insbesondere die Baptistengemeinden auf dieselbe keinen Anspruch erheben.

B. v. 30. September 1889 (IX, 139) Berlin I.
A.L.R. II, 11 §§ 17, 18. Dekl. v. 27. Juni 1811 (G.S. S. 313).

— **Stempelfreiheit bei Besitzveränderungen zum gemeinen Besten** s. R. 1173.

R. 1145. **Erfüllung der Stempelpflicht durch Vorlegung der Urkunde bei der Steuerbehörde.**

1145. Wird eine stempelpflichtige Urkunde nicht auf Stempelpapier niedergeschrieben, so muß die Urkunde binnen 14 Tagen der Steuerbehörde Behufs Kassation des Stempels in Urschrift vorgelegt werden. Die bloße Mittheilung an die Behörde von der Existenz des stempelpflichtigen Vertrages genügt zur Entlastung der Betheiligten nicht.

U. d. St. v. 2. Juni 1890 (X, 208) Landgericht Berlin I.
Stempelgesetz v. 7. März 1822 § 12.

R. 1146. **Ueberreichung einer Punktation zu gerichtlicher Vollziehung. Voraussetzungen für die Entlastung der Kontrahenten.**

1146. Die K.O. v. 24. November 1835 entlastet die Kontrahenten von der Verantwortlichkeit für die Stempelverwendung nur dann, wenn sie binnen 14 Tagen die Urkunde „mit dem Antrage auf gerichtliche oder notarielle Vollziehung" überreichen. Unter gerichtlich vollzogenen Vertragsurkunden sind aber nur gericht-

[1]) Vgl. auch R. 1161 zu a, 1164 zu a, 1165 zu a.

lich aufgenommene oder ihrem Inhalte nach anerkannte, dagegen nicht die blos der Unterschrift nach beglaubigten Urkunden zu verstehen. Durch eine Ueberreichung der Urkunde an das Gericht zum Zwecke der Unterschriftsbeglaubigung werden deshalb die Kontrahenten von der Verpflichtung zur Stempelverwendung nicht befreit (vgl. R. 821, 822).

U. d. St. v. 3. Mai 1888 (VIII, 173) Landgericht Berlin I.
Stempelgesetz v. 7. März 1822 § 12. K.O. v. 24. November 1833 (von Kamptz, Jahrb. Bd. 46 S. 560). A.G.O. II, 3 §§ 1, 2, 21, 22, 26, I, 10 §§ 124, 125.

R. 1147. **Kassirung des Stempels zu Vollmachten. Datum des Kassationsvermerks.**

1147. Die Befreiung von der Bescheinigung des Zeitpunktes der Stempelverwendung zu Vollmachten bezieht sich nur auf die amtliche Stempelverwendung. Rechtsanwälte, welche zu Prozeßvollmachten den Stempel kassiren, müssen dagegen dem Kassationsvermerk das Datum der Verstempelung hinzufügen.

U. d. St. v. 19. Januar 1890 (X, 211) Göttingen.
V. (für die neuen Landestheile) v. 19. Juli 1867 (G.S. S. 1191) § 5 Abs. 3; Bestimmungen des Fin.-Min. v. 8. August 1867 (Amtsblatt v. Hannover 1867 S. 1040) § 3.

R. 1148. **Ueberreichung einer Prozeßvollmacht an das Gericht zur Stempelerhebung.**

1148. Wird eine Prozeßvollmacht innerhalb 14 Tagen nach ihrer Ausstellung von einem Betheiligten dem Gericht mit dem Antrage überreicht, den Betrag des Stempels als Gerichtsgebühr zu liquidiren, so werden dadurch die Betheiligten von ihrer Verantwortlichkeit für die Stempelverwendung selbst dann frei, wenn das Gericht die Vollmacht wieder zurückgegeben hat[1]), es sei denn, daß das Gericht hierbei ausdrücklich erklärte, daß es sich mit der Stempelverwendung nicht befassen wolle[2]).

U. d. St. v. 11. Juni 1888 (VIII, 169) Zielenzig, Frankfurt a. O.
Kostengesetz v. 9. Mai 1854 Art. 21 Abs. 2.

— **Erhebung der Stempel als Gerichtskosten** s. im Uebrigen R. 1176, 1179, 1185 zu b.

---

[1]) Der Rechtsanwalt hatte die Vollmacht mit dem Antrage auf Erlassung des Vollstreckungsbefehls eingereicht; da aber inzwischen Widerspruch erhoben worden war, ist ihm der Antrag zurückgegeben worden.

[2]) Diese Ausnahme dürfte nicht anzuerkennen sein. Das Gericht ist gesetzlich verpflichtet, den Stempel zu verwenden; seine Erklärung, daß es ungesetzlich handeln werde, vermag die Rechte Anderer nicht zu beeinträchtigen.

2. Die einzelnen stempelpflichtigen Urkunden.

A. Auflassung.

R. 1149. **Offene Handelsgesellschaft. Auflassung Seitens der Gesellschaft an einen der Sozien.**

1149. a) Die offene Handelsgesellschaft bildet, wenn sie auch keine juristische Person darstellt, ein selbstständiges, von den sie bildenden Gesellschaftern verschiedenes Rechtssubjekt, an deren einzelnen Vermögensstücken den Gesellschaftern ein quotitatives Miteigenthum nicht zusteht. Wird ein Gesellschaftsgrundstück einem der Gesellschafter aufgelassen, so tritt danach ein Wechsel in der Person des Eigenthümers hinsichtlich des gesammten Grundstücks ein. Für die betreffende Auflassung ist sonach der Stempel nach dem Werthe des ganzen Grundstücks zu erheben[1]).

b) Die Erhebung dieses Stempels wird auch nicht durch Vorlegung eines Vertrages ausgeschlossen, in welchem der eine Gesellschafter sein Miteigenthum an dem Grundstück dem andern überlassen hat. Denn dieser Vertrag stellt die das Veräußerungsgeschäft enthaltende Urkunde nicht dar.

B. v. 7. Oktober 1889 (IX, 142) Berlin I.
Stempelgesetz v. 5. Mai 1872 §§ 1, 2. H.G.B. Art. 111, 119, 131.

R. 1150. **Auflassung zum Scheine. Stempelpflicht der Rückauflassung.**

1150. Die Erhebung des Auflassungsstempels hat zur Voraussetzung, daß der Auflassung ein Veräußerungsgeschäft zu Grunde liegt. War eine Auflassung nur zum Schein geschehen und legen bei der demnächst zu ihrer Annullirung erfolgenden Rückauflassung die Interessenten dieses Sachverhältniß dem zur Prüfung desselben berufenen Grundbuchrichter klar, so ist für die Rückauflassung der Auflassungsstempel nicht zu erheben[2]).

B. v. 21. Oktober 1889 (IX, 145) Wollstein, Meseritz.
Stempelgesetz v. 5. Mai 1872 § 1. A.L.R. I, 4 § 52.

— **Auflassung zum Zweck des gemeinen Besten** s. R. 1173 u. 1181.

R. 1151—1154. **Grundsätze für die Werthsangabe bei der Auflassung.**

1151. Unter dem „Werthe" des Grundstücks, welchen die Interessenten zum Zwecke der Stempelberechnung anzugeben ver-

[1]) Vgl. hierzu R. 827 mit Anm. 2 und R. 828; gegen den Inhalt des obigen R. s. R. 141. Vgl. auch den B. des Landgerichts Brieg v. 7. Dezember 1889 (Johow-Küntzel Bd. 10. S. 336).

[2]) Vgl. R. 830; s. auch B. des Landgerichts Flensburg v. 18. Oktober 1890 (Johow-Küntzel Bd. 10 S. 334).

pflichtet sind, ist nicht der gemeine Werth, sondern derjenige Werth zu verstehen, wie er nach den Vorschriften des Stempelgesetzes über die Versteuerung der Kaufverträge zu berechnen ist. Die Interessenten genügen deshalb sobald sie den ernstlich verabredeten Kaufpreis unter Hinzurechnung des Werthes der vorbehaltenen Nutzungen und ausbedungenen Leistungen angeben, ihrer Verpflichtung selbst dann, wenn der gemeine Werth des Grundstücks ein höherer ist.

U. d. St. v. 18. Februar 1889 (IX, 217) Landgericht Halle a. S. Stempelgesetz v. 5. Mai 1872 §§ 3, 4. Stempelgesetz v. 7. März 1822 § 5. K.O. v. 14. April 1832 (G.S. S. 137).

1152. Hat eine Preisabrede unter den Parteien nicht stattgefunden, so haben dieselben nur den gemeinen Werth zur Angabe zu bringen. Eine Verpflichtung derselben, den Werth mindestens auf den Betrag der auf dem Grundstück haftenden Hypotheken und Grundschulden anzugeben, besteht nicht.

U. d. St. v. 4. November 1889 (X, 219) Stettin.
Stempelgesetz v. 5. Mai 1872 §§ 3, 4.

1153. Der geringste Betrag, welcher als Werth des Grundstücks bei der Auflassung angegeben werden darf, ist der von dem letzten Erwerber zu zahlende Kaufpreis, nicht ein früherer geringerer Kaufpreis[1]).

U. d. St. v. 21. Oktober 1889 (X, 215) Landgericht Magdeburg.
Stempelgesetz v. 5. Mai 1872 §§ 3, 4.

1154. Hat sich in einem Kaufvertrag der Verkäufer das Wiederkaufsrecht zu demselben Preise und außerdem gegen Erstattung des etwaigen Mehrwerthes der Gebäude vorbehalten, so ist, wenn es demnächst auf Grund dieser Bestimmung zum Wiederkaufe kommt, der von Interessenten bei der Auflassung anzugebende Werth zum Zwecke der Stempelabgabe nicht geringer zu bemessen, als auf den ursprünglichen Kaufpreis mit Hinzurechnung des von den Parteien vereinbarten Mehrwerthes der Gebäude.

U. d. St. v. 23. Mai 1889 (IX, 214) Konitz.
Stempelgesetz v. 5. März 1872 §§ 3, 4.

---

[1]) Das zu Grunde liegende Sachverhältniß ist aus der Veröffentlichung des Urtheils nicht mit genügender Klarheit zu ersehen. Es scheint, daß der eingetragene Eigenthümer A das Grundstück an B verkauft, daß dieser es noch vor der Auflassung an C zu höherem Preise weiter verkauft hat, daß demnächst die Auflassung direkt von A an C erfolgt und hierbei der ursprüngliche geringere Kaufpreis angegeben worden ist.

R. 1155. **Anrechnung des Auflassungsstempels auf den Stempel des Veräußerungsgeschäftes**[1]**. Voraussetzungen.**

1155. Eine Anrechnung des Auflassungsstempels auf den Urkundenstempel für das zu Grunde liegende Veräußerungsgeschäft findet nur statt, wenn diese Urkunde in Gemäßheit des § 2 des Stempelgesetzes v. 5. Mai 1872 dem Grundbuchrichter vorgelegt oder wenn bei nachträglicher Aufnahme der Veräußerungsurkunde gemäß § 12 a. a. O. verfahren wird. Haben indessen die Kontrahenten — wenn auch binnen 14 Tagen nach Errichtung der Veräußerungsurkunde — die Auflassung bewirkt, ohne die letzterwähnte Urkunde vorzulegen, so haben sie auf Anrechnung des Auflassungsstempels keinen Anspruch, sondern bleiben zur Verwendung des Stempels für die Veräußerungsurkunde verpflichtet.

U. d. St. v. 2. Dezember 1889 (X, 217) Gollub, Danzig.
Stempelgesetz v. 5. Mai 1872 §§ 2, 12. Stempelgesetz v. 7. März 1822 § 12.

B. Beglaubigung.

R. 1156. **Beglaubigung in Grundbuchsachen. Voraussetzung der Stempelfreiheit.**

1156. a) Die Stempelfreiheit einer Unterschriftsbeglaubigung wegen des zu Grundbucheintragungen bestimmten Inhaltes hat zur Voraussetzung, daß die Schrift lediglich die zu Eintraguugen oder Löschungen in das Grundbuch erforderlichen Anträge oder Urkunden enthält. Enthält die Schrift mehr, z. B. außer der Schuldverschreibung, dem Antrage und der Bewilligung für die Eintragung von Restkaufgeld noch den Kaufvertrag selbst, so ist die Unterschriftsbeglaubigung nicht stempelfrei.

b) Hieran wird dadurch nichts geändert, daß der instrumentirende Beamte dem Beglaubigungsvermerk den Zusatz beifügt, die Beglaubigung sei zum Zweck einer Eintragung in das Grundbuch erfolgt.

U. d. St. v. 11. Oktober 1888 (IX, 218) Marne, Strafkammer zu Itzehoe.
G. v 21. März 1882 (G.S. S. 129) § 2.

R. 1157. **Stempelfreiheit der Unterschriftsbeglaubigung zu Auflassungsvollmachten.**

1157. Vollmachten zur Auflassung gehören zu denjenigen Urkunden, welche für die durch das Gesetz zugelassene Auflassung mittels Bevollmächtigter und die sich anschließende Eintragung er-

[1]) Vgl. auch R. 1149 zu b.

forderlich sind. Die Beglaubigung der Unterschriften unter solchen Vollmachten ist danach stempelfrei (vgl. R. 840 zu b).

B. v. 2. Dezember 1889 (IX, 148) Attendorn, Arnsberg
G. v. 21. März 1882 (G.S. S. 129) § 2.

C. Kauf.

R. 1158. **Uebertragung des Eigenthums an Neukuxen.**

1158. Ein Vertrag, durch welchen das Eigenthum an Neukuxen gegen Entgelt übertragen wird, ist nicht als Cession, sondern als Kaufvertrag zu verstempeln.

U. d. St. v. 17. Oktober 1889 (X, 213) Hagen,
Allgemeines Berggesetz v. 24. Juni 1865 (G S. S. 705) §§ 101, 104, 109, 131. Stempeltarif, Position „Kaufverträge".

R. 1159. **Verkauf von Holzbeständen zum Abtrieb.**

1159. Zum Abtrieb verkaufte Holzbestände gehören nicht zu den selbsterzeugten Mengen von Sachen oder Waaren, welche nach Gewicht, Zahl oder Maß gehandelt zu werden pflegen, sondern sind als individuelle bewegliche Gegenstände anzusehen. Kaufverträge über dieselben unterliegen deshalb dem allgemeinen Mobilar-Kaufstempel von $^1/_3$ Prozent.

U. d. St. v. 3. Juni 1889 (IX, 219) Stargard i. P.
Reichsstempelgesetz v. 29. Mai 1885 (R.G.Bl. S. 179). Tarif Nr. 4 mit Anmerk. G. v. 6. Juni 1884 (G.S. S. 279) § 1 Abs. 2. Stempeltarif, Position „Kaufverträge".

R. 1160. 1161. **Uebertragsverträge zwischen Eltern und Kindern. Voraussetzungen der Stempelbegünstigung. — Bedingtes Geschäft.**

1160. a) Wird bei einem Uebertragsvertrage zwischen Ascendenten und Descendenten ein Kaufpreis in Kapital festgesetzt, welcher bis zur Erbtheilung stehen bleiben und verzinst werden soll, so bilden die Gegenleistung des Erwerbes nicht die — für die Stundung des Kaufpreises zu entrichtenden — Zinsen, sondern das Kapital des Kaufpreises selbst. Der Erwerber ist deshalb nicht berechtigt, unter der Ausführung, daß er in Wahrheit nur eine lebenslängliche Rente zu gewähren habe, die Stempelvergünstigung, welche Leibrenten der Ascendenten genießen, zu beanspruchen.

b) Die Vorschrift, daß bei Uebertragsverträgen der gedachten Art derjenige Theil des Erwerbspreises unverstempelt bleibt, welcher dem Uebernehmer als sein künftiges Erbtheil angewiesen wird, setzt voraus, daß ein bestimmter Theil des Erwerbspreises dem Uebernehmer angewiesen wird. Ist dagegen nur bedungen, daß der Erwerber den Kaufpreis seiner Zeit zur Erbtheilung bringen und für seine Person an demselben mit partizipiren soll, so kann die Vorschrift nicht Platz greifen.

B. v. 27. Mai 1889 (IX, 150) Hameln, Hannover.

G. v. 22. Juli 1861 (G.S. S. 754) § 1 Nr. 2 u. 4. Stempeltarif z. V. (für die neuen Landestheile) v. 19. Juli 1867 (G.S. S. 1191) Pos. 55 zu a Nr. 2 u. 4.

1161. a) Eine unter die Stempelgesetze fallende Leistung wird dadurch nicht stempelfrei, daß ihre Gewährung vom Eintritt einer Bedingung oder von der Wahl des Berechtigten abhängig gemacht wird.

b) Ist deshalb in einem Uebertragsvertrag zwischen Vater und Sohn für den ersteren eine lebenslängliche Verpflegung mit der Maßgabe bedungen, daß, wenn er das Haus seines Sohnes verläßt, letzterer ihm statt der Verpflegung ein einmaliges Kapital zu zahlen hat, so kann für dieses Kapital die nur den fortlaufenden Prästationen gewährte Stempelfreiheit nicht beansprucht werden. Vielmehr ist von dem Kapital der einprozentige Kaufstempel zu erheben.

B. v. 13. Oktober 1890 (X, 147) Warstein, Arnsberg.

G. v. 22. Juli 1861 (G.S. S. 754) § 1 Nr. 2.

R. 1162. **Käufe unter Theilnehmern an einer Erbschaft**[1]). **Legatare.**

1162. Die Stempelfreiheit für Kauf- und Tauschverhandlungen unter den Theilnehmern an einer Erbschaft setzt voraus, daß die Kontrahenten Miterben und die Vertragsobjekte Gegenstände eines ihnen zugefallenen Nachlasses sind. Sie findet deshalb keine Anwendung, wenn mehrere mit einem Grundstücke bedachte Legatare dasselbe zum Zwecke der Theilung einem von ihnen überlassen (vgl. R. 850).

B. v. 1. Dezember 1890 (X, 145) Magdeburg.

K.O. v. 21. Juni 1844 (G.S. S. 253).

D. Leibrentenvertrag.

R. 1163. **Begriff. Leibrenten, die nicht in Geld bestehen.**

1163. a) Zum Wesen des Leibrentenvertrages gehört es, daß wenn die dem Rentenkäufer zu entrichtende Abgabe nicht in einer Geldsumme besteht, der Geldwerth derselben unter den Kontrahenten vereinbart sein muß. Ist dies nicht geschehen, so ist für die Urkunde nicht der Leibrentenstempel, sondern nur der allgemeine Vertragsstempel zu verwenden.

---

[1]) Vgl. auch R. 1170 zu b.

b) Besteht die Abgabe zum einen Theil in Gelde, zum anderen in Naturalleistungen, die nicht in Gelde abgeschätzt sind, so kann der ganze, einheitlich aufzufassende, Vertrag nicht als Leibrentenvertrag zur Verstempelung gezogen werden.

U. d. St. v. 14. November 1890 (X, 222) Lyck.
Stempeltarif, Position „Leibrentenverträge"; A.L.R. I, 11 §§ 606, 595.

— **Leibrenten bei Uebertragsverträgen zwischen Eltern und Kindern** s. R. 1160, 1161.

E. Miethe und Pacht.

R. 1164. **Klagbarkeit des Vertrages. Pachtvertrag über ein großes Landgut in bloßer Privatschrift.**

1164. a) Die Stempelpflichtigkeit eines Vertrages ist durch dessen Klagbarkeit bedingt (vgl. R. 1165).

b) Ein Pachtvertrag über ein Landgut mit einem auf 200 Thlr. oder mehr verabredeten Pachtzins, welcher nur privatschriftlich geschlossen ist, gestattet im Geltungsbereich des A.L.R. keine Klage, weder auf gerichtliche Vollziehung, noch auf Erfüllung. Derselbe ist deshalb nicht stempelpflichtig.

U. d. St. v. 25. März 1889 (IX, 212) Landgericht Posen.
Stempelgesetz v. 7. März 1822. A.L.R. I, 21 §§ 403, 405, 406.

F. Schuldverschreibung.

R. 1165. **Klagbarkeit. Stempelpflicht eines abstrakten Gutscheines.**

1165. a) Eine Schuldurkunde ist nur dann stempelpflichtig wenn sich aus ihrem Wortlaut allein, ohne Heranziehung anderer, aus der Urkunde nicht ersichtlicher, Momente ihre Klagbarkeit ergiebt[1]).

b) Eine Urkunde, welche lautet:

„Gut für . . . Mk.; Valuta erhalten, zahlbar am 19. April c."
gestattet, weil sie weder die Person des Berechtigten bezeichnet, noch ausdrücklich auf den Inhaber gestellt ist, keine Klage[2]). Sie ist deshalb weder als Schuldverschreibung, noch als „kaufmännischer Dispositionsschein" einem Stempel unterworfen.

U. d. St. v. 30. Januar 1888 (VIII, 171) Berlin I.
Stempeltarif, Position „Schuldverschreibungen". Bek. v. 26. September 1823 (G.S. S. 163). A.L.R. I, 11 § 730. H.G.B. Artikel 300—307. G. v. 17. Juni 1833 (G.S. S. 75) § 1.

[1]) Vgl. R. 807 mit Anm. 2 und R. 1164.
[2]) Vgl. R.G.U. (I. Civilsenat) v. 20. November 1882 (Entsch. Bd. 8, S. 35).

R. 1166. **Verpflichtung zur Bestellung hypothekarischer Sicherheit.**

1166. Eine Urkunde, in welcher der Schuldner eines sonst nicht verbrieften Darlehens sich verpflichtet, für dasselbe dem Gläubiger eine bestimmte hypothekarische Sicherheit zu bestellen, schließt ein urkundliches Anerkenntniß des Darlehnsempfanges in sich und ist deshalb dem Stempel für Schuldverschreibungen unterworfen.

U. d. St. v. 26. Juni 1890 (X, 221) Gransee, Neu-Ruppin.
Stempeltarif, Position „Schuldverschreibungen".

G. Vollmacht.

R. 1167. **Haftung des Bevollmächtigten für den Stempel.**

1167. Der Rechtsanwalt, welcher zu seiner Legitimation eine Prozeßvollmacht zu den Gerichtsakten überreicht, ist für die rechtzeitige und vorschriftsmäßige Verstempelung derselben persönlich verantwortlich[1]) und kann sich dieserhalb nicht auf die K.O. v. 24. Februar 1830 berufen. Dieselbe entbindet die Mandatare von der persönlichen Verantwortlichkeit nur Betreffs derjenigen Schriften, welche sie lediglich im Interesse ihrer Mandanten vorlegen, während bei Vorlegung der Vollmacht der Rechtsanwalt zugleich in seinem eigenen Interesse handelt.

U. d. St. v. 19. Januar 1890 (X, 211) Göttingen.
K.O. v. 24. Februar 1830 (v. Kamptz, Jahrb. Bd. 35 S. 296) V., (für die neuen Landestheile) v. 19. Juli 1867 (G.S. S. 1191) § 14.

R. 1168. **Haftung des bevollmächtigten Rechtsanwalts beim Armenrecht der Partei.**

1168. a) Zur Versteuerung einer Urkunde ist an sich der Aussteller verbunden. Auf den Produzenten, welcher nicht Aussteller ist, darf nur unter der Voraussetzung zurückgegriffen werden, daß der Aussteller zur Verstempelung verpflichtet war.

b) Daraus ergiebt sich, daß der Prozeßbevollmächtigte einer Partei, der das Armenrecht bewilligt ist, für die Dauer des Armenrechts nicht zur Erlegung des Stempels für die Prozeßvollmacht herangezogen werden kann. Es gilt dies auch dann, wenn der Bevollmächtigte der Partei nicht zugeordnet, sondern von ihr selbst gewählt war.

B. v. 28. Mai 1890 (X, 150) Fürstenwalde, Neu-Ruppin.
Stempelgesetz v. 7. März 1822 § 22. K.O. v. 19. Juni 1834 (G.S. S. 81) Nr. 2. C.P.O. § 107 Nr. 1.

— **Stempelverwendung bei der Vollmacht** s. R. 1147. 1148.

[1]) Ebenso R.G.U. (IV. Civilsenat) v. 5. März 1888 (Rassow-Küntzel Bd. 32 S. 708).

H. Zuschlagsurtheil.

R. 1169. **Werthsberechnung für den Stempel.**

1169. Die Vorschrift im § 4 Abs. 2 des Kostengesetzes v. 18. Juli 1883, wonach bei der Zwangsversteigerung, wenn das Meistgebot zwei Drittel des Werthes nicht erreicht, die Gebühren unter Zugrundelegung dieser zwei Drittel zu berechnen sind, bezieht sich nicht auf den für das Zuschlagsurtheil anzusetzenden Stempel. Der letztere ist vielmehr auch in diesem Falle lediglich nach dem Gebote, auf welches der Zuschlag erfolgt, zu erheben.

B. v. 29. September 1890 (X, 152) Wollin, Stettin.

Kostengesetz v. 18. Juli 1883 §§ 3, 4. Stempelgesetz v. 7. März 1822 § 5 zu g.

R. 1170. **Zwangsversteigerung Zwecks Auseinandersetzung. Stempel- und Kostenermäßigung bei Erstehung durch einen der Miteigenthümer.**

1170. a) Ist der Antrag eines Miterben auf Zwangsversteigerung zum Zwecke der Auseinandersetzung zugelassen worden, obwohl dem Erben eine bestimmte Quote an dem Nachlaßgrundstück noch nicht zugetheilt war und ist demnächst das Grundstück einem der Miterben zugeschlagen worden, so kann die Vorschrift im § 3 Abs. 3 des Kostengesetzes vom 18. Juli 1883, wonach bei Berechnung der Gebühren und Stempel derjenige Theil des Meistgebots außer Betracht bleibt, welcher auf den dem Ersteher bereits zustehenden Antheil fällt, keine Anwendung finden, einmal, weil die Vortheile dieser Vorschrift ein den Gesetzen entsprechendes Verfahren voraussetzen[1]) und sodann weil ein quotitatives Miteigenthum des Erstehers, dessen Werth abgezogen werden könnte, überhaupt nicht vorhanden ist.

b) Die Vorschrift der K.O. v. 21. Juni 1844 über die Stempelfreiheit der Kauf- und Tauschverhandlungen unter den Theilnehmern an einer Erbschaft setzt Vereinbarungen voraus, welche wesentlich auf der Entschließung der Erben beruhen. Sie findet deshalb auf Zwangsversteigerungen zum Zwecke der Auseinandersetzung auch dann keine Anwendung, wenn das Grundstück einem der Miterben als Ersteher zugeschlagen wird.

c) In dem zu a bemerkten Falle sind deshalb Gebühren und Stempel nach dem vollen Meistgebot zu liquidiren[2]).

B. v. 10. Februar 1889 (IX, 123) Nieder-Wüstegiersdorf, Schweidnitz.

Zw.G. § 185. Kostengesetz v. 18. Juli 1883 § 3 Abs. 3. K.O. v. 21. Juni 1844 (G.S. S. 253).

---

[1]) Vgl. hierzu R. 1046 mit Anm.

[2]) Vgl. wegen der Zuständigkeit des K.G. zu der vorliegenden Entscheidung Betreffs des Stempels R. 900; wegen der Entscheidung in Ansehung der Gerichtskosten s. indessen zu R. 865 Anm. 2 a. E.

II. Kostensachen.

1. Allgemeine Grundsätze.

R. 1171. **Werthsfestsetzung gegen die Parteiangabe. Verschlossen übergebene Testamente.**

1171. a) Die Befugniß des Gerichts, den Werth des Gegenstandes anders festzusetzen, als die Partei ihn angiebt, hat zur Voraussetzung, daß dem Gericht die nöthigen Unterlagen für die Feststellung gegeben sind, daß der angegebene Werth der Sachlage nicht entspricht.

b) Im Falle der Uebergabe verschlossener Testamente oder Kodizille darf deshalb von der Angabe der Interessenten nur dann abgegangen werden, wenn anderweite sichere Umstände jene Angabe entkräften. Sonst muß es bei dieser Angabe verbleiben, vorbehaltlich der Einziehung einer höheren Gebühr, falls sich bei Eröffnung der Disposition ein höherer Werth als vorhanden ergiebt[1]).

B. v. 10. November 1890 (X, 142) Berlin I.
G.K.G. §§ 14, 16. A.G. z. G.K.G. § 4.

R. 1172. **Kostenfreiheit der Kirchen.**

1172. Die im § 4 Nr. 4 des Kostengesetzes v. 10. Mai 1851 den „Kirchen" zugestandene bedingte Kostenfreiheit kommt nur der evangelischen und katholischen Kirche und demnach insbesondere nicht den Baptistengemeinden zu (vgl. R. 1144).

B. v. 30. September 1889 (IX, 139) Berlin I.
A.L.R. II, 11 §§ 17, 18. Kostengesetz v. 10. Mai 1851 § 4 Nr. 4.

R. 1173. **Stempel- und Kostenfreiheit bei Besitzveränderungen zum Zwecke des gemeinen Besten. Feststellung der Voraussetzungen.**

1173. a) Die K.O. v. 4. Mai 1833 über Gebühren- und Stempelfreiheit bei Besitzveränderungen zum Zwecke des gemeinen Besten setzt zwar eine Verpflichtung der Interessenten zu solcher Veränderung voraus. Es sind indessen auch diejenigen Fälle hierher zu rechnen, in welchen ein Enteignungsverfahren anzuordnen gewesen wäre, aber sich in Folge gütlicher Einigung der Interessenten erübrigt hatte.

b) Daß ein Fall der K.O. v. 4. Mai 1833 vorliegt, braucht aus der Urkunde, für welche die Stempelfreiheit beansprucht wird, nicht hervorzugehen, sondern ist anderweit überzeugend darzuthun. Zum Nachweise sind insbesondere auch Zeugnisse der Verwaltungs-

---

[1]) Vgl. aber wegen solcher nachträglicher Einziehung G.K.G. § 5 mit A.G. z. G.K.G. § 4.

behörde über das Vorliegen der zu a bemerkten Voraussetzungen geeignet[1]).

B. v. 5. Mai 1890 (X, 138) Berlin I.
K.O. v. 4. Mai 1833 (G.S. S. 49).

R. 1174. Kostenpflicht für Zurückweisung von Beschwerden in nicht streitigen Sachen.

1174. Bei Zurückweisung von Beschwerden in Sachen der freiwilligen Gerichtsbarkeit (Grundbuchsachen) sind bei der Entscheidung über die Kostenpflicht nicht § 92 der C.P.O., sondern die Preußischen Kostengesetze, insbesondere Art. 15 des G. v. 9. Mai 1854[2]) zur Anwendung zu bringen.

B. v. 13. April 1888 (VIII, 63 u. 129) Hagen.
C.P.O. § 92. Kostengesetz v. 9. Mai 1854 Art. 15.

R. 1175. Zurückbehaltung von Urkunden wegen Kosten.

1175. a) Die Gerichtskasse kann ein Rückbehaltungsrecht wegen Kosten nur an solchen Urkunden ausüben, welche im Eigenthum der als Kostenschuldner in Anspruch genommenen Person stehen.

b) Hat der Gläubiger eine Hypothekenurkunde zum Zweck der vom Eigenthümer bewilligten Eintragung eines Vermerkes[3]) eingereicht, so kann — vorausgesetzt, daß nur der Eigenthümer als Kostenschuldner angesehen wird — die Rückbehaltung der Urkunde auch nicht aus der Erwägung einer zum Nutzen der Sache geschehenen Verwendung gerechtfertigt werden; denn eine Verbesserung der Urkunde als körperlicher Sache ist nicht vorgenommen worden, und die Verstärkung des dinglichen Rechts kommt dem Gläubiger auf Grund der Eintragung auch ohne Rückgabe der Urkunde zu Gute.

c) Bei der Entscheidung über Rückgabe von zum Zwecke der Eintragung eingereichten Hypothekenurkunden hat das Amtsgericht lediglich als Grundbuchbehörde zu befinden. Den Fiskus vertritt es in dieser Eigenschaft nicht und ist auch nicht berufen, über ein

---

[1]) Es handelt sich um einen Besitzerwerb der Stadt Berlin zum Zwecke der Errichtung von Markthallen, bei welcher ein Zeugniß des Oberpräsidenten über den Erwerbszweck, dessen Qualifizirung und darüber, daß voraussichtlich erforderlichen Falles das Enteignungsrecht verliehen worden wäre, beigebracht war. Dies ist für genügend erachtet worden.

[2]) Die Bezugnahme auf diesen Artikel erscheint irrig. Derselbe bestimmt über den Tarifsatz für die Beschwerde-Entscheidung, nicht aber über die Person des Zahlungspflichtigen. In letzterer Hinsicht ist vielmehr § 10 des Kostengesetzes v. 10. Mai 1851 die maßgebende Norm.

[3]) Es handelte sich um die Eintragung der Unterwerfung des Schuldners unter die sofortige Zwangsvollstreckung.

von einer fiskalischen Station geübtes Zurückbehaltungsrecht als Grundbuchbehörde eine maßgebende Entscheidung zu treffen[1]).

B. v. 20. Dezember 1886 (VIII, 123) Berlin I.
A.L.R. I, 20 §§. 536, 546, 547.

R. 1176. **Verjährung der als Gerichtskosten zu erhebenden Stempel.**

1176. a) Seit dem A.G. z. G.K.G. verjähren die als Gerichtskosten zu erhebenden Stempel erst in 30 Jahren.

b) Diese Verjährung findet auf die vor dem 1. Oktober 1879 entstandenen Stempelforderungen Anwendung, sofern für dieselben am 1. Oktober 1879 die — bis dahin in Kraft gewesene — vierjährige Verjährungsfrist noch nicht abgelaufen war (vgl. R. 972)[2]).

B. v. 14. Oktober 1889 (IX, 153) Prettin, Torgau.
Kostengesetz v. 10. Mai 1851 § 16. G. v. 31. März 1838 (G.S. S. 249) § 2 Nr. 8. A.G. z. G.K.G. § 8. Publ. Patent z. A.L.R. v. 5. Februar 1794 Nr. XVII. Einl. z. A.L.R. § 14.

R. 1177. **Erinnerung gegen den Ansatz von Kosten. — Berücksichtigung der nicht monirten Posten.**

1177. Hat ein kostenpflichtiges Verfahren mehrere für den Kostenansatz maßgebende Stadien durchlaufen und setzen sich daher die Kosten aus mehreren Positionen zusammen[3]), so wird durch die Erinnerung der Partei gegen eine Position das Gericht gleichzeitig

---

[1]) Was mit diesem Satze gesagt sein soll, ist nicht recht ersichtlich. Thatsächlich hatten die Vorinstanzen den Antrag auf Aushändigung der Urkunde abgelehnt, weil sie ein fiskalisches Retentionsrecht als vorhanden annahmen und ihre Entscheidungen sind aus den zu a u. b dargestellten materiellen Sätzen aufgehoben worden. Es scheint danach, als habe das Kammergericht weiter sagen wollen, daß, wenn die Kassenverwaltung mit der ausdrücklichen Erklärung hervorgetreten wäre, ein Retentionsrecht ausüben zu wollen (was anscheinend nicht geschehen war), hierüber die Grundbuchbehörde nicht zu befinden haben würde. Macht man indessen die Unterscheidung zwischen dem Staat als Grundbuchbehörde und dem Staat als Fiskus, so kann es kaum einem Bedenken unterliegen, daß alsdann ein staatliches Retentionsrecht überhaupt nicht anerkannt werden kann. Denn die Urkunde ist der Grundbuchbehörde, nicht dem Fiskus überreicht; letzerer hat mit der Behandlung der Urkunde nicht das Geringste zu thun. Die Urkunde ist deshalb im Besitze der Grundbuchbehörde, nicht des Fiskus. Wollte der letztere durch seine Kassenbeamten die Urkunde der Grundbuchbehörde wegnehmen, so würde er ein unredlicher Besitzer der Urkunde sein, welchem ein Rückbehaltungsrecht überhaupt niemals zusteht (§ 538 I 20 A.L.R). Durch eine etwaige Personenidentität zwischen dem Beamten der Grundbuchbehörde und dem der Kasse würde darin nichts geändert werden; nemo sibi caussam possessionis mutare potest.

[2]) Wegen der gerichtlichen Kompetenz zur Entscheidung über den Verjährungseinwand vgl. R. 885 mit Anm. 1.

[3]) Es handelte sich um eine Nachlaßregulirung mit Liquidaten für Erbeslegitimation, Feststellung der Masse und Aufnahme eines Ueberlassungsvertrages.

mit der Prüfung der übrigen Positionen insofern befaßt, als es festzustellen hat, ob nicht etwa bei diesen Positionen ein zu geringer Betrag angesetzt ist. Ergiebt sich, daß dies der Fall ist, so kann der Erinnerung nur insoweit stattgegeben werden, als bei Richtigstellung der gesammten Kostenrechnung sich herausstellt, daß im Ganzen zu viel an Kosten eingefordert worden ist.

B. v. 6. Mai 1889 (IX, 8) Schubin, Bromberg.
G.K.G. § 4. A.G. z. G.K.G. § 4.

R. 1178. **Begriff der Nachforderung von Kosten.**

1178. Unter der „Nachforderung von Gerichtskosten", welche nur bis zum Ablauf des nächsten Kalenderjahres seit Erledigung des Verfahrens gestattet ist, ist eine solche Einforderung zu verstehen, durch welche der Kostenschuldner in die Lage versetzt wird, einen höheren Betrag, als den früher von ihm eingeforderten, zahlen zu müssen. Dagegen liegt der Fall einer Nachforderung nicht vor, wenn auf die Erinnerung des Kostenschuldners Betreffs einer Position der Kostenrechnung das Gericht diese Erinnerung zwar für begründet erachtet, aber deshalb zurückweist, weil bei einer anderen Position ein höherer Betrag einzustellen gewesen wäre (vgl. R. 1177).

B. v. 6. Mai 1889 (IX, 8) Schubin, Bromberg.
G.K.G. § 5. A.G. z. G.K.G. § 4.

R. 1179. **Unanwendbarkeit des Erinnerungsverfahrens auf den Stempel zu fiskalischen Verträgen.**

1179. Unter den „gerichtlichen Angelegenheiten", auf welche nach §. 4 des A.G. z. G.K.G. die dort angezogenen Vorschriften des deutschen Gerichtskostengesetzes Anwendung zu finden haben, sind nur solche Angelegenheiten zu verstehen, welche von den Gerichten als solchen vermöge ihrer Jurisdiktion erledigt werden. Verträge, welche das Gericht als Gefängnißbehörde mit einem Lieferanten und zwar nicht als Akt der freiwilligen Gerichtsbarkeit, sondern als Privatabkommen schließt, fallen nicht hierher. Der Stempel zu solchen Verträgen gehört deshalb nicht zu den Gerichtskosten. Ueber Erinnerungen gegen die Höhe desselben ist sonach nicht auf dem Wege des §. 4 des G.K.G. zu entscheiden.

B. v. 26. März 1888 (VIII, 131) Ragnit, Tilsit.
A.G. z. G.K.G. § 4. Kostengesetz v. 10. Mai 1851 § 16.

Nur die zweite Position war angegriffen worden. Diese Erinnerung wurde zwar für begründet erachtet, dagegen aber erwogen, daß die dritte Position zu gering angesetzt war.

2. Kosten in Grundbuchsachen.

R. 1180. **Gebührenansatz für Eigenthumseintragung. Voraussetzungen.**

1180. Ein Kostenansatz auf Grund des § 1 Nr. 1 des Kostentarifs für Grundbuchsachen setzt zwar nicht eine voraufgegangene Auflassung (vgl. R. 902), doch aber immer so viel voraus, daß überhaupt ein Eigenthumswechsel stattgefunden hat und zur Eintragung gekommen ist. Dieser Fall liegt nicht vor, wenn zwei Personen, welche buchmäßige Eigenthümer eines Grundstücks sind, eine offene Handelsgesellschaft begründen und das Eigenthum des Grundstücks auf diese umschreiben lassen (vgl. R. 141 u. 994, s. aber auch R. 1149). Für die bezügliche Eintragung sind die Kosten nach §. 3 Nr. 2 des Tarifs zu liquidiren.

B. v. 13. April 1888 (VIII, 129) Breslau.
Kostentarif für Grundbuchsachen § 1 Nr. 1, § 3 Nr. 2.

R. 1181. **Gebühren- und Stempelfreiheit einer Auflassung zum Zwecke des gemeinen Besten.**

1181. a) Die Gebühren- und Stempelfreiheit für Besitzveränderungen zum gemeinen Besten (vgl. R. 1173 zu a), findet auch auf den Auflassungsstempel Anwendung.

b) Zur Begründung der Stempelfreiheit gehört in diesem Falle nicht die Vorlegung des Veräußerungsvertrages, vielmehr ist die Existenz eines Falles der Stempelfreiheit in derselben Art, wie beim Urkundenstempel (vgl. R. 1173 zu b) darzuthun.

B. v. 5. Mai 1890 (X, 138) Berlin I.
K.O. v. 4. Mai 1833 (G.S. S. 49). Stempelgesetz v. 5. Mai 1872 §§ 1, 15.

3. Kosten in Registersachen.

R. 1182. **Schreibgebühren und Porto in Genossenschaftssachen.**

1182. a) Die Benachrichtigungen des Gerichts über Eintragungen in die Liste der Genossen sind mit Rücksicht darauf, daß die die Benachrichtigung anordnende richterliche Verfügung expedirt und das dabei entworfene Anschreiben durch Abschrift übertragen wird, als Abschriften anzusehen. Für dieselben sind deshalb Schreibgebühren in Ansatz zu bringen[1]).

---

[1]) Ob dasselbe auch angenommen sein würde, wenn die Benachrichtigung ohne Expedition zu den Akten sofort in Reinschrift gefertigt wäre, ist nicht ersichtlich. Die Motive zum Genossenschaftsgesetz gehen übrigens ausdrücklich von

b) Auf diese Benachrichtigungen findet — wegen der Verschiedenartigkeit des Verfahrens in Genossenschaftssachen von dem dem G.K.G. zu Grunde liegenden Prozeßverfahren und weil sie nicht in der Form beurkundeter Zustellungen erfolgen — die Auslagenfreiheit für Zustellungen von Amts wegen keine Anwendung. Es sind deshalb für dieselben auch Portoauslagen in Ansatz zu bringen.

B. v. 10. Februar 1890 (IX, 137) Stettin.
Genossenschaftsgesetz v. 1. Mai 1889 (R.G.Bl. S. 55) § 15 Abs. 4, §§ 70, 151. Bek. v. 11. Juli 1889 (R.G.Bl. S. 149) § 9. G.K.G. § 80b.

4. Kosten in Vormundschaftssachen.

R. 1183. Voraussetzungen der Kapitalsgebühr.

1183. a) Die in Vormundschaftssachen nach §. 42 des Kostentarifs zu erhebende Kapitalsgebühr setzt die Existenz von Vermögen voraus, „auf welches sich die Vormundschaft erstreckt"; dagegen setzt sie keine Vermögensverwaltung des Vormundes voraus, für welche vielmehr die besondere Revenüengebühr des §. 43 eintritt[1]).

b) Die Voraussetzung der Kapitalsgebühr ist danach dann gegeben, wenn dem Vormund auf Grund des §. 27 der V.O. die Verpflichtung oblag, dem gesammten Mündelvermögen oder einem Theile desselben seine vormundschaftliche Sorge zuzuwenden. Ob der Vormund dieser Pflicht genügt hat oder nicht, ist unerheblich.

c) Im Falle der fortgesetzten Gütergemeinschaft nach Jütischem Lov liegt mit Rücksicht auf die den Kindern hier zukommenden Rechte (vgl. R. 1080 u. 1110) dem Vormund die Sorge für diese Rechte und namentlich die Pflicht einer Ueberwachung der mütterlichen Verwaltung ob. Es ist deshalb auch bei solcher Vormundschaft die Kapitalsgebühr des §. 42 zu erheben.

d) Die Gebühr ist im Falle zu c nach demjenigen Betrage zu berechnen, den jedes Kind erhalten haben würde, wenn bereits eine Erbtheilung stattgefunden hätte.

B. v. 22. Dezember 1890 (X, 135) Apenrade, Flensburg.
Kostengesetz v. 21. Juli 1875 Art. 1 § 42. V.O. § 27.

---

der Annahme aus, daß für die Benachrichtigungen keine Schreibgebühren, sondern nur Portoauslagen erhoben werden sollen. Vgl. Parisius und Crüger, Formularbuch zum Reichsgesetz, betreffend die Erwerbs- und Wirthschaftsgenossenschaften (1892) S. 56. Die Nichterhebung von Schreibgebühren ist inzwischen auch durch die Allg. Verf. v. 12. Dezember 1891 (J.M.Bl. S. 356) zu Nr. 4 angeordnet worden.

[1]) Vgl. auch B. des Landgerichts Aurich v. 14. Mai 1890 (Johow-Küntzel Bd. 10, S. 332).

R. 1184. **Revenüengebühr, wenn von mehreren Vormündern einer von der Verwaltung befreit ist.**

1184. Die Revenüengebühr ist auch dann zu erheben, wenn zwei Vormünder zu ungetrennter Verwaltung bestellt sind, von denen der eine, nicht aber der andere von der Rechnungslegung gesetzlich befreit ist (vgl. R. 1105).

B. v. 23. Dezember 1889 (IX, 38 u. 136) Stolberg, Aachen.
V.O. §§ 56, 57. Kostengesetz v. 21. Juli 1875 Art. 1 § 43.

R. 1185. **Gebühren- und Stempelfreiheit für das Auseinandersetzungsattest zum Zwecke der Wiederverheirathung.**

1185. a) Die Sorge für die Sicherstellung des Vermögens minderjähriger Kinder, deren Vater zur zweiten Ehe schreitet, gehört zu den Obliegenheiten des Vormundschaftsgerichts. Die Ausstellung des bezüglichen Auseinandersetzungsattestes für den Vater gehört daher zu den Funktionen des Vormundschaftsrichters und bildet, sofern sie im Anschlusse an das zum Zwecke der Auseinandersetzung eingeleitete Pflegschaftsverfahren erfolgt, noch einen Theil dieses Verfahrens. Die Kosten für die Ertheilung des Attestes sind deshalb durch die Pauschalgebühr für Einleitung der Pflegschaft mitgedeckt, so daß eine besondere Gebühr für dieses Attest nicht erhoben werden darf.

b) Da das Attest sonach nicht unter §. 16 des Tarifs zum G. v. 10. Mai 1851 fällt, so fehlt es auch an der Vorbedingung für den Ansatz eines Stempels. Es darf deshalb auch ein solcher für das Attest nicht liquidirt werden.

B. v. 27. Dezember 1888 (VIII, 126) Leschnitz, Oppeln.
A.L.R. II, 1 § 18; II, 2 §§ 187 ff; II, 18 §§ 35 ff. V.O. § 95 Tarif v. 10. Mai 1851 §§ 16, 24 Nr. 1 und §§ 41, 44 in der Fassung des Kostengesetzes v. 21. Juli 1875.

R. 1186. **Gebührenfreiheit für eine im Mündelinteresse bewirkte Erbeslegitimation.**

1186. a) Die Führung der Erbeslegitimation der Mündel zum Behufe der Feststellung des Ueberganges des väterlichen Vermögens auf dieselben oder zum Behufe der Ermöglichung des Verkaufs eines Nachlaßgrundstücks bewegt sich auf dem Gebiete der Ermittelung und Verwaltung des Mündelvermögens und ist deshalb für eine vormundschaftliche Thätigkeit zu erachten. Für diese Thätigkeit dürfen sonach die Gebühren des Erbeslegitimationsverfahrens nicht angesetzt werden.

b) Hieran ändert sich auch dadurch nichts, daß die Erbeslegitimation nicht in den Vormundschaftsakten, sondern in besonderen Akten und vor einem anderen Richter desselben Gerichtes erfolgt.

B. 21. April 1890 (X, 133) Orb, Hanau.

Kostengesetz v. 1. Mai 1865 § 3. Kostengesetz v. 21. Juli 1875 Art. 1 § 44.

R. 1187. **Kosten bei Zurückweisung von Beschwerden, die im Interesse des Mündels ergriffen sind.**

1187. Die Zurückweisung von Beschwerden, welche im Interesse des Mündels ergriffen worden sind, muß kostenfrei geschehen.

B. v. 23. Dezember 1889 (IX, 38) Stolberg, Aachen.

Kostengesetz v. 21. Juli 1875 Art. 1 § 44, Art. 4 § 2.

5. Kosten in Nachlaßsachen[1]).

R. 1188. **Gebührenansatz bei Auseinandersetzung des gütergemeinschaftlichen Ehegatten mit einem Kinde.**

1188. a) Der überlebende gütergemeinschaftliche Ehegatte ist, wenn er mit hinterbliebenen Kindern theilt, nicht Miterbe zum Nachlaß des verstorbenen Ehegatten.

b) Hinterläßt der Verstorbene nur ein Kind und setzt sich der Ueberlebende mit diesem dahin auseinander, daß er den Antheil des Kindes gegen eine Abfindungssumme übernimmt, so liegt eine Erbtheilung, welche begrifflich mehrere Erben voraussetzt, nicht vor. Es ist deshalb für den betreffenden Akt nicht die Erbtheilungsgebühr nach dem G. v. 1. Mai 1865, sondern die Gebühr für einen gegenseitigen Akt nach §. 20 des Tarifs v. 10. Mai 1851 anzusetzen, die letztere jedoch nach dem vollen Betrage des Antheils des Kindes unter Außerachtlassung der durch die Allg. Verf. v. 13. April 1855 nachgelassenen Ermäßigung.

B. v. 24. Juni 1889 (IX, 129) Duisburg.

A.L.R. II, 1 §§ 637, 638. Tarif v. 10. Mai 1851 § 20. Kostengesetz v. 1. Mai 1865 § 5. Allgem. Verf. v. 13. April 1855 (J.M.Bl. S. 126).

R. 1189. **Gebührenansatz bei Uebereignung des gütergemeinschaftlichen Vermögens an eines der Kinder.**

1189. a) Der R. 1188 zu a gilt auch für die Gütergemeinschaft nach lübischem Recht.

b) Im Sinne der Kostengesetze umfaßt die Auseinandersetzung bei Auflösung der Gütergemeinschaft durch Tod nicht bloß die Akte, welche auf den eigentlichen Nachlaß des Verstorbenen Bezug

---

[1]) Vgl. auch R. 1186.

haben, sondern überhaupt alle Akte, welche die Regulirung der durch den Tod des einen Ehegatten neu geschaffenen Verhältnisse verfolgen.

c) Setzen sich danach der überlebende Theil und die Kinder in der Art auseinander, daß einem der Kinder das gesammte gütergemeinschaftliche Vermögen überlassen wird, so findet auf diese Ueberlassung die Allg. Verf. v. 13. April 1855 Anwendung. Es ist deshalb dem überlebenden Ehegatten für die Ueberlassung seines Antheils die Gebühr des § 20 des Tarifs vom 10. Mai 1851 nur zur Hälfte in Rechnung zu stellen.

B. v. 6. Januar 1890 (IX, 133) Greifenberg i. P., Stargard i. P. Tarif v. 10. Mai 1851 § 20. Kostengesetz v. 9. Mai 1854 Art. 19 No. 2. Allg. Verf. v. 13. April 1855 (J.M.Bl. S. 126).

6. Kosten der freiwilligen Gerichtsbarkeit[1]).

R. 1190. **Gebühr für Anerkennung eines Vertrages (Provinz Hannover).**

1190. a) Das Hannöversche Gesetz v. 16. Februar 1843 steht, insoweit es Vorschriften über den Kostenansatz enthält, noch jetzt in Kraft.

b) Für die gerichtliche Anerkennung eines das Eigenthum an Grundstücken betreffenden Vertrages ist deshalb im Geltungsbereiche dieses Gesetzes ein Drittel der Gebühr für die Vertragsaufnahme zu erheben.

c) Die Position Nr. 152 des hannöverschen Tarifs v. 13. Dezember 1834 („für einen Termin und Protokoll") greift nur Platz, wenn nicht für den Termin anderweit eine Gebühr bestimmt ist; sie findet deshalb auf die Akte zu b) keine Anwendung.

B. v. 27. April 1889 (IX, 128) Osterode a. H., Göttingen. G. v. 28. Mai 1873 (G.S. S. 253) § 58 mit Kostentarif dazu § 13 Abs. 3. Revidirte Sporteltaxe v. 13. Dezember 1834 Nr. 93 und 152 (Hannöversche G.S. S. 393 u. 406). Hannöversches G. v. v. 16. Dezember 1843 (Hannöversche G.S. S. 327) § 9.

7. Kosten in Zwangserziehungssachen.

R. 1191. **Gebührenfreiheit des Beschwerdeverfahrens.**

1191. Die für das Zwangserziehungsverfahren gesetzlich gewährte Kostenfreiheit erstreckt sich auch auf die Zurückweisung un-

---

[1]) Vgl. auch R. 1188, 1189.

begründeter Beschwerden. Es dürfen deshalb für solche Zurückweisung dem Beschwerdeführer keine Kosten auferlegt werden.

B. v. 27. September 1888 (VIII, 8 u. 128) Lützen, Lyck.
G. v. 13. März 1878 (G.S. S. 132) § 11.

— **Kosten in Zwangsversteigerungssachen** s. R. 1169. 1170.

Neunter Abschnitt.

Berührung mit dem öffentlichen Recht.

I. Verwaltungsrecht.

R. 1192. **Verhältniß der Gerichte zu den Verwaltungsbehörden. Einführung des preußischen Staatsrechts in den neuen Provinzen.**

1192. a) Der § 3. der V. v. 2. Januar 1849, welcher lautet:

„In dem Verhältnisse der Gerichte zu den Verwaltungsbehörden wird durch das gegenwärtige Gesetz nichts geändert. Sie sollen sich gegenseitig bei Erledigung der ihnen obliegenden Geschäfte Unterstützung leisten.“

gilt noch gegenwärtig (vgl. R. 42).

b) Diese Vorschrift spricht einen eminent staatsrechtlichen Grundsatz aus und gilt deshalb auch für den Bezirk der vormaligen freien Stadt Frankfurt a. M.[1]), da durch die Einverleibung dieses

---

[1]) Dieser Satz erscheint offenbar irrig. Man mag über die Frage der Einführung des preußischen Staatsrechts in die neu erworbenen Landestheile der weitgehendsten Ansicht huldigen —

vgl. hierüber v. Roenne, Das Staatsrecht der preußischen Monarchie Bd. 1 § 2 S. 5 (4. Aufl. 1881) und Hermann Schulze, Das preußische Staatsrecht Bd. I § 3 S. 3 (2. Aufl. 1888) —

so wird man doch immer nur diejenigen Normen als eingeführt erachten können, welche bis zur Einverleibung im ganzen preußischen Staate galten und sich damit als einheitliches Staatsrecht charakterisirten. Nun galt aber die V. v. 2. Januar 1849 und damit auch der § 38 derselben nach dem ausdrücklich erklärten Willen des Gesetzgebers „für den Umfang unserer Monarchie mit Ausschluß des Appellationsgerichtshofes zu Cöln“. Es ist deshalb nicht ersichtlich, wie sich die Einführung dieses, nur partikulären, Rechtssatzes in die neuen Landestheile sollte begründen lassen.

Uebrigens gehören die Normen über das Verhältniß der einzelnen Staats-

Gebietes in die preußische Monarchie das für die letztere geltende Staatsrecht auch ohne ausdrückliche Bestimmung in jenes Gebiet eingeführt worden ist.

B. v. 6. Oktober 1890 (X, 3) Frankfurt a. M.
V. v. 2. Januar 1849 (G.S. S. 1) § 38.

- - **Uebersicht zerstreuter Grundsätze über Verwaltungsrecht:**

a) Liquidationsverfahren Betreffs einer aufgelösten oder geschlossenen Innung. Stellung der Gemeindebehörde in diesem Verfahren s. R. 973. 995.
b) Stellung des Erbschaftssteueramts bei Anträgen auf Publikation von Testamenten s. R. 1116.
c) Enteignungsrecht s. R. 1173.
d) Verwaltungszwangsverfahren s. R. 1044. 1045.
e) Rechtshülfe und Zeugnißzwang in Disciplinarsachen der Verwaltungsbehörden s. R. 1139.
f) Privilegien der landschaftlichen Kreditverbände in Ansehung der Pfandbriefe s. R. 1016.

II. Kirchenrecht.

R. 1193. **Folgen der Ablegung des Klostergelübdes.**

1193. a) Die Vorschriften des A.L.R. über die Folgen der Ablegung des Klostergelübdes sind weder durch die preußische Verfassungsurkunde noch durch das G. v. 31. Mai 1875 aufgehoben worden und sind, weil im öffentlichen Interesse gegeben, auch für ausländische Ordensmitglieder maßgebend (vgl. R. 1 u. 954).

b) Indessen sind nach diesen Vorschriften, von denen der §. 1199 II, 11 durch die §§. 1200 ff. als erläutert und begrenzt anzusehen ist, Mönche und Nonnen zur Abgabe von Erklärungen nur insoweit für unfähig zu erachten, als diese Erklärungen sich auf den Erwerb und Besitz von Eigenthum und anderen Rechten und auf die Verfügung hierüber beziehen. Dagegen sind sie be-

---

behörden zu einander überhaupt nicht zum Staatsrecht im engeren Sinne, sondern zum Verwaltungsrecht,

vgl. v. Roenne a. a. O. § 1 S. 5 u. Bd. III § 177 S. 3 und Schulze a. a. O. § 2 S. 2.

Daß aber „das preußische Verwaltungsrecht" in die neu erworbenen Landestheile nicht von selbst eingeführt ist, bedarf bei der großen Verschiedenheit, die hier noch bis in die neueste Zeit bestanden hat und zum Theil noch besteht, keiner weiteren Ausführung.

fähigt, thatsächliche Erklärungen, namentlich Anerkenntnisse über Zahlungen, die bereits vor Ablegung des Klostergelübdes an sie oder ihre Rechtsvorgänger erfolgt sind, abzugeben. Auf Grund einer derartigen, Betreffs einer Hypothek erklärten Quittung darf deshalb die Löschung nicht beanstandet werden.

B. v. 4. Mai 1888 (VIII, 117) Schweidnitz.

A.L.R. II, 11 §§ 1199—1201. Verf.-Urk. Art. 10. G. v. 31. Mai 1875 (G.S. S. 210).

— **Stellung des Patrons bei Akten kirchlicher Vermögensverwaltung** s. R. 1026. 1027.

— **Religiöse Erziehung der Kinder** s. R. 1093—1098.

Sachregister.

(Die Zahlen verweisen auf die Rechtsgrundsätze.)

A.

Quellenregister.

(Die Zahlen nach den Punkten verweisen auf die Rechtsgrundsätze.)

1803.

1810.

1811.

1817.

1821.

1822.

Tarif zum Stempelgesetz v. 7. März.

1869.

1872.

G. v. 5. Mai über den Eigenthumserwerb u. s. w.

Grundbuch-Ordnung v. 5. Mai.

Stempelgesetz v. 5. Mai.

Kostentarif für Grundbuchsachen v. 5. Mai.

Chronologisches Register
der Entscheidungen.

Die Zahlen verweisen auf die Rechtsgrundsätze; * bedeutet Urtheil des Straffenats.

(Die Zahlen verweisen auf die Rechtsgrundsätze.)

Druck von Leonhard Simion in Berlin SW